改訂版

教科書にそって学べる

国語教科書プリントの特色と使い方

光村図書版

新教材を追加して全面改訂!　教科書にそって使えます。

・教科書と同じ配列なので，授業の進度に合わせて使えます。
・目次の 教科書 マークがついている単元は教科書の本文が掲載されていませんので，教科書をよく読んで学習しましょう。

豊かな読解力や確かな言葉の力がつきます。

・文学作品や説明文の問題がたくさん掲載されているので，豊かな読解力がつきます。
・ことばや文法の練習問題をさまざまな形式で出題しているので，確かなことばの力がつきます。
・漢字は，読み・書きの両方が学習出来るので，とても使いやすく力もつきます。

予習・復習やテスト対策にもばっちりです。

・教科書に合わせて，基礎・基本的な問題から，活用力を必要とする問題まで掲載されているので，ご家庭や学校での予習・復習に最適です。また，テストに出やすい問題がたくさん掲載されています。

わかりやすい設問・楽しいイラストで学習意欲も向上します。

・設問は，できる限り難しい言葉を使わないようにしています。また，ところどころに楽しいイラストを入れました。
・A4 サイズのプリントになっているので，文字も読みやすく，解答欄も広々していて書きやすいです。
（A4 → B4 に拡大して使用していただくと，もっと広々使えます。）
・一日一ページ，集中して楽しく学習できるよう工夫されています。

4年　目次

※教科書…このマークのある単元は教科書を読んでやりましょう。

国語の学びを見わたそう

名前

● 三年生で学んだこと

(1) 話すとき、聞くとき、話し合うときには、どんなことに気をつけるとよいですか。それぞれあてはまるもの二つに○を、あてはまらないものには×をつけましょう。

① 話すとき　（5×3）

（　）伝えたいことは、「初め」と「終わり」でくりかえす。

（　）短い時間でたくさんのことが伝えられるように、早口で話す。

（　）話したいことに合わせて、声の強弱や、話す速さを工夫する。

② 聞くとき　（5×3）

（　）話の中心に気をつけて聞く。

（　）どのようにしつもんすると、よいかを考えながら聞く。

（　）話のとちゅうでも、わからないことがあれば、すぐにしつもんをする。

③ 話し合うとき　（5×3）

（　）友達の考えとちがうところは、できるだけ自分の意見に合わせてもらうように話し合う。

（　）友達の意見とちがうところを整理して、自分の意見を言う。

（　）役わりや、進め方を考えて司会の進行にそって話し合う。

(2) 次の文は、書くときに気をつけるとよいことが、書かれています。（　）にあてはまる言葉を［　］からえらんで書きましょう。　（5×5）

・文章を「初め」、「（　　）」、「（　　）」などのまとまりで組み立てる。

・読む人が分かりやすいように、（　　）を分け、順序を考える。

・様子などがよく伝わるように、（　　）を選ぶ。

・書いたら読み返して、（　　）がないか、必要なことが書かれているかをたしかめる。

［言葉　中　段落　まちがい　終わり］

(3) 次の文は、それぞれの文章を読み取るときに気をつけるとよいことが書かれています。あてはまるものに○を、あてはまらないものには×をつけましょう。

① 物語　（5×3）

（　）それぞれの段落や場面に気をつけるよりも、まずは、登場人物の様子に気をつける。

（　）場面の様子を思いうかべながら読む。

（　）人物の人がらや気持ちをたしかめながら読む。

② 説明する文章　（5×3）

（　）図や写真の使い方に気をつけて読む。

（　）例を挙げる順序の工夫を、たしかめながら読む。

（　）「問い」と「答え」に気をつけて、文の組み立てを考える。

春のうた

名前

春のうた

草野《くさの》　心平《しんぺい》

かえるは冬のあいだは土の中にいて
春になると地上に出てきます。
そのはじめての日のうた。

ほっ　まぶしいな。
ほっ　うれしいな。
みずは　つるつる。
かぜは　そよそよ。
ケルルン　クック。
ああいいにおいだ。
ケルルン　クック。
ほっ　いぬのふぐりがさいている。
ほっ　おおきなくもがうごいてくる。
ケルルン　クック。
ケルルン　クック。

● 上の詩を読んで答えましょう。

(1) この詩は、かえるが、いつ、どこから、どこに出てきた日のことを、うたっていますか。（10×3）

かえるが（いつ　　　　）になり（どこから　　　　）から（どこに　　　　）に出てきたはじめての日。

(2) この詩では、形がにている行がならんでいることで、リズムを感じることができます。つぎの行と形がにている行を書き出しましょう。（12×2）

① ほっ　まぶしいな。
（　　　　）

② みずは　つるつる。
（　　　　）

(3) なぜ、かえるは、「まぶしいな。」「うれしいな。」と思ったのですか。あなたの考えを書きましょう。（12）

（　　　　）

(4) 「ケルルン　クック。」は、かえるの何を表していますか。一つに○をつけましょう。（10）

（　）とびはねる音。
（　）鳴き声。
（　）土の中から出てくる音。

(5) 地上でかえるの目に見えたものは何でしたか。六文字で二つ書きましょう。（12×2）

・□□□□□□
・□□□□□□

（令和六年度版　光村図書　国語　四上　かがやき　草野　心平）

白いぼうし (1)

〔あらすじ〕
松井さんが車道のそばに落ちていた小さなぼうしをつまみ上げると、もんしろちょうが飛び出しました。松井さんはちょうちょのかわりに夏みかんにぼうしをかぶせ、飛ばないように石でつばをおさえました。

車にもどると、おかっぱのかわいい女の子が、ちょこんと後ろのシートにすわっています。

(あ)「道にまよったの。行っても行っても、四角い建物ばかりだもん。」

つかれたような声でした。

(い)「ええと、どちらまで。」

①「え。――ええ、あの、あのね、菜の花横町ってあるかしら。」

「菜の花橋のことですね。」

エンジンをかけたとき、遠くから、元気そうな男の子の声が近づいてきました。

(う)「あのぼうしの下さあ。お母ちゃん、本当だよ。本当のちょうちょが、いたんだもん。」

水色の新しい虫とりあみをかかえた㋐男の子が、エプロンを着けたままのお母さんの手を、ぐいぐい引っぱってきます。

②「ぼくが、あのぼうしを開けるよ。だから、お母ちゃんは、このあみでおさえてね。㋑あれっ、石がのせてあらあ。」

③「早く、おじちゃん。早く行ってちょうだい。」

客席の女の子が、後ろから乗り出して、せかせかと言いました。

④松井さんは、㋒あわててアクセルをふみました。㋓やなぎのなみ木が、みるみる後ろに流れていきます。

（令和六年度版　光村図書　国語　四上　かがやき　あまん　きみこ）

名前

● 上の文章を読んで答えましょう。

(1) 松井さんが車にもどると、どんな女の子が、どんなふうに後ろのシートにすわっていましたか。(10×2)

おかっぱの（　　　）女の子が、

（　　　）と後ろのシートにすわっていました。

(2) (あ)～(う)の言葉は、松井さん、女の子、男の子のうちの、だれが言った言葉ですか。(10×3)

(あ)（　　　）　(い)（　　　）

(う)（　　　）

(3) ㋐男の子は、何を見せようと、お母さんの手を引っぱっているのですか。(10)

（　　　）

(4) 男の子が、㋑あれっ、と言ったのはなぜですか。(10)

（　　　）

(5) 松井さんは、なぜ㋒あわててアクセルをふんだのですか。(10)

（　　　）

(6) ㋓やなぎのなみ木が…から、車のどんな様子がわかりますか。(10)

車の（　　　）様子

(7) 上の文章の①～④のときで、松井さんが車を運転しているときに○をつけましょう。(10)

①（　）　②（　）　③（　）　④（　）

白いぼうし (2)

客席の女の子が、後ろから乗り出して、せかせかと言いました。
「早く、おじちゃん。早く行ってちょうだい。」
松井さんは、あわててアクセルをふみました。やなぎのなみ木が、みるみる後ろに流れていきます。

①「お母さんが、虫とりあみをかまえて、あの子がぼうしをそうっと開けたとき――。」と、ハンドルを回しながら、松井さんは思います。「あの子は、どんなに目を丸くしただろう。」

すると、ぽかっと口をＯ《オー》の字に開けている男の子の顔が、見えてきます。「㋐おどろいただろうな。まほうのみかんと思うかな。なにしろ、ちょうが化けたんだから――。」

②「ふふふっ。」

㋑ひとりでにわらいがこみ上げてきました。でも、次に、

「㋒おや。」

松井さんはあわてました。バックミラーには、だれもうつっていません。ふり返っても、だれもいません。

③「おかしいな。」

松井さんは車を止めて、㋓考え考え、㋔まどの外を見ました。

そこは、小さな団《だん》地の前の小さな野原でした。

（令和六年度版　光村図書　国語　四上　かがやき　あまん　きみこ）

名前

● 上の文章を読んで答えましょう。

(1) ㋐おどろいただろうなとありますが、松井さんが想ぞうした男の子の、おどろいている様子を二つ書きましょう。（14×2）

・(　　　)

・(　　　)

(2) ㋑ひとりでにわらいが…とありますが、松井さんはどんなことを想ぞうして、わらいがこみあげてきたのですか。（10×2）

男の子がぼうしを開けたとき、(　　　)が(　　　)に化けたのを見ておどろく様子。

(3) 松井さんが、㋒おやと言ったのは、なぜですか。（14）

(　　　)

(4) ㋓考え考えとありますが、松井さんは、何を考えていたと思いますか。（14）

(　　　)

(5) 車の㋔まどの外は、どんな場所でしたか。（14）

(　　　)

(6) 松井さんが、女の子のことを考え始めたのは、文中の①②③のどこからですか。一つに○をつけましょう。（10）

①(　)　②(　)　③(　)

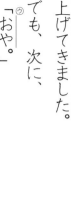

白いぼうし (3)

そこは、小さな団《だん》地の前の小さな野原でした。

白いちょうが、二十も三十も、いいえ、もっとたくさん㋐飛んでいました。クローバーが青々と広がり、わた毛と黄色の花の交ざった㋑たんぽぽが、点々のもようになってさいています。その上を、おどるように飛んでいるちょうをぼんやり見ているうち、松井さんには、㋒こんな声が聞こえてきました。

「よかったね。」

「よかったよ。」

「よかったね。」

「よかったよ。」

それは、シャボン玉のはじけるような、小さな㋓小さな声でした。

車の中には、まだかすかに、夏みかんのにおいが㋔のこっています。

(令和六年度版　光村図書　国語　四上　かがやき　あまん　きみこ)

名前

● 上の文章を読んで答えましょう。

(1) 何《なに》が、どれぐらい、㋐飛んでいましたか。(12×2)

（　　　）が（どれぐらい　　　）飛んでいました。

(2) どんな㋑たんぽぽが、さいていますか。(12)

（　　　）

(3) 松井さんに聞こえてきた㋒こんな声を、文中からさがし、五文字で二つ書きましょう。(12×2)

□□□□□

□□□□□

(4) ㋓小さな声をくわしく表している言葉を、文中から書き出しましょう。(12)

（　　　）

(5) 車の中に、かすかに㋔のこっているのは何ですか。(12)

（　　　）

(6) 「よかったね。」「よかったよ。」は、だれとだれの声だと思いますか。あなたの考えを書きましょう。(16)

（　　　）

図書館の達人になろう

名前

(1) 次の「図書館で本をさがす方法」の説明としてあてはまるものを［　］からえらんで、記号で答えましょう。（10×4）

（　）たなの番号からさがす。

（　）本のラベルを見る。

（　）司書の先生にきく。

（　）百科事典や図鑑《かん》で調べる。

㋐ 本の背《せ》にはられているものを見る。それには、分類番号や作者の名前の一文字目が書かれている。

㋑ いろいろなことを広く調べることができる本から、よりくわしい本をさがす。

㋒ 分類表によって分類された本が、番号別にたなごとにおかれているので、そこからさがす。

㋓ 本にくわしい人に聞いて、さがす。

(2) 図書館での、次の場合の本のさがし方について、よりよい方に○をつけましょう。（10×2）

① すきな作家の本を読みたい場合

（　）ラベルを見て、すきな作家の名前の一音目からさがす。

（　）今、話題になっている本や、新しく入った本が、まとめておいてあるコーナーからさがす。

② 鉄道について知りたい場合

（　）分類番号から、「ぎじゅつや機械の本」がおいてあるたなをさがし、一さつずつたしかめる。

（　）鉄道について書かれている図鑑をさがす。

(3) 調べたいことがのっている本を一さつ読み、記録カードを書きましょう。（40）

記録カード　　月　　日

・調べること

・分かったこと

・使った本

漢字辞典を使おう

名前

(1) 漢字辞典の説明として、正しいものには○、まちがっているものには×をつけましょう。(3×4)

（　）漢字を、部首べつに分類している。

（　）画数の多いものから順にならべている。

（　）漢字の読み方も部首も分からない場合、調べることができない。

（　）三つのさくいんがついており、そのどれかを使って、調べることができる。

(2) 漢字辞典で「池」という漢字をさがします。次の①～③は、どのさくいんを使ったものですか。□からえらんで、（　）に記号を書きましょう。(5×3)

① 「池」の総《そう》画数を数えて、その画数のところから調べる。（　）

② 「氵」の画数を調べてから、「氵」のページを見つけて調べる。（　）

③ 音読みの「チ」か、訓読みの「いけ」で調べる。（　）

㋐ 音訓さくいん
㋑ 部首さくいん
㋒ 総画さくいん

(3) 「音訓さくいん」で調べるために、次の漢字の読みがなを□に書きましょう。また、先に出てくる方の漢字の（　）に○をつけましょう。(4×6)

① 音読みで読みましょう。

森 □（　）
書 □（　）

② 訓読みで読みましょう。

歌 □（　）
海 □（　）

(4) 「部首さくいん」で調べるために、次の漢字の部首を□に、その部首の画数を（　）に漢数字で書きましょう。(6×4)

① 校 木 （四）画
② 絵 □ （　）画
③ 草 □ （　）画
④ 週 □ （　）画

(5) 「総画さくいん」で調べるために、次の漢字の正しい総画数を○でかこみましょう。(5×5)

① 青（七画・八画・九画）
② 社（七画・八画・九画）
③ 辺（四画・五画・六画）
④ 陽（十画・十一画・十二画）
⑤ 橋（十六画・十七画・十八画）

きせつの言葉1 春の楽しみ

名前

1 次の三月～五月のべつの言い方を下からえらび、——線でむすびましょう。(6×3)

① 三月・　　・皐月《さつき》

② 四月・　　・弥生《やよい》

③ 五月・　　・卯月《うづき》

2 ——の部分を漢字にして、次の言葉を（　）に書きましょう。(7×4)

① ひなまつり　（ひな祭り）

② はなざかり　（　）

③ はちじゅうはちや　（　）

④ しんちゃ　（　）

3 次の文は、あとの□の中の、どの言葉をせつ明していますか。（　）に記号を書きましょう。(7×2)

(1)（　）水面に散った花びらが連なって流れる様子を「いかだ」に見立てた言葉。「いかだ」とは、水にうかべるふねのようなもの。

(2)（　）二月四日ごろの立春から数えて八十八日目の、五月二日ごろに行われる。

ア 茶つみ　イ ひしもち　ウ 花いかだ

4 次の俳句《はいく》について答えましょう。

(1)

雛壇《ひなだん》や襖《ふすま》はらひ（い）てはるかより

水原《みずはら》 秋櫻子《しゅうおうし》

① この俳句の季語《き》を、ひらがな四文字で書きましょう。(10)

（令和六年度版　光村図書　国語　四上　かがやき「春の楽しみ」による）

② 五七五のリズムで読めるように、俳句を／線で区切りましょう。(10)

(2)

空をゆく一《ひと》かたまりの花吹雪《ふぶき》

髙野《たかの》 素十《すじゅう》

① この俳句の季語を、ひらがな五文字で書きましょう。(10)

（令和六年度版　光村図書　国語　四上　かがやき「春の楽しみ」による）

② 五七五のリズムで読めるように、俳句を／線で区切りましょう。(10)

聞き取りメモのくふう
話し方や聞き方からつたわること

1 聞きとりメモのくふう

● 小森先生の小学生のころのお話を読んで答えましょう。

> 先生の小学生のころの一ばんの思い出は、夏の野球の大会でゆう勝したことです。ちいきの野球チームに入って、週に五回、小学校の運動場で練習していました。先生は、キャッチャーで、七番バッターでした。いつも練習着が真っ黒になるまでがんばって練習しました。ゆう勝したときはうれしかったです。
> もう一つの思い出は、夏休みに、毎年おじいちゃんの家に遊びに行ったことです。行くと、毎回おじいちゃんとせいくらべをしました。えんがわの柱でせの高さをはかって、小刀で柱にきずをつけて目じるしにしました。おじいちゃんは、行くたびに先生のせがのびていることを、とてもよろこんでくれました。

○ 次の二つのメモは、小森先生のお話を聞いた、川島さんと、島田さんのメモです。それぞれのくふうを□からえらび、（　）に記号で答えましょう。

■川島さんのメモ

小森せんせい　おもいで

㋳
大会でゆうしょう
練習しゅう5
しょうがっこう
キャッチャー
7ばん　バッター
がんばってれんしゅう

㋔
おじいちゃんのいえ
おじいちゃんせいくらべ
えんがわ　柱にしるし
→せいがのびている
→おじいちゃんよろこぶ

【くふう】（　　）（　　）

■島田さんのメモ

小森先生の思い出
〈野球〉
・夏の大会でゆう勝
・週五回
・小学校の運動場
・キャッチャー
・七番バッター
〈おじいちゃんの家〉
・せいくらべ
・えん…
・柱にしるし
・行くたびにせがのびている
・おじいちゃんがよろこぶ

【くふう】（　　）（　　）

㋐ ○を使って見出しを一字で書いている。
㋑ 〈　〉を使って見出しを分かりやすくしている。
㋒ 漢字にこだわらずに、平がなで書いている。
㋓ 後でたしかめたいことに――を引いている。

名前

2 話し方や聞き方から伝わること

㋐
今日はじめて、とびばこ六だん　とべたんだよ。
そう、それはよかったね。
ひなたさん
㋑
今日はじめて、とびばこ六だん　とべたんだよ。
そう、それはよかったね。
ひなたさん

(1) 右の絵を見て答えましょう。ひなたさんはどんな気もちになったでしょうか。㋐と㋑の場面で、（　）に㋐、㋑の記号を書きましょう。

（　　）きちんと話を聞いてくれないので、いい気持ちがしない。

（　　）きちんと話を聞いてもらえて、うれしくなる。

㋒
わたしが言ったこと、まちがっていたかな。
（間《ま》をおかず）そんなことないよ。
ひなたさん
㋓
わたしが言ったこと、まちがっていたかな。
（間《ま》をおいて）そんなことないよ。
ひなたさん

(2) 右の絵を見て答えましょう。

㋒のように間をおかずに返事をするのと、㋓のように間をおいて返事をするのでは、ひなたさんの受け止め方はどうかわるのでしょうか。あなたの考えを書きましょう。

（　　　　）

カンジーはかせの 都道府県の旅 ー

名前

● ——線の都道府県名の読みがなを（　）に書きましょう。

①（　　）北海道は、ジャガイモや玉ネギの生産《さん》がさかんだ。

②（　　）青森県は、リンゴが有名だ。

③（　　）岩手県で、わんこそばを食べる。

④（　　）伊達《だて》政宗《まさむね》は、宮城県を代表する人物だ。

⑤（　　）なまはげは、秋田県に伝わる伝とう行事だ。

⑥（　　）山形県の特《とく》産品は、サクランボだ。

⑦（　　）福島県の工芸《げい》品に、赤べこがある。

⑧（　　）茨城県は、納豆《なっとう》が有名だ。

⑨（　　）日光東照宮《にっこうとうしょうぐう》は、栃木県にある。

⑩（　　）群馬県には、温せんが多くある。

⑪（　　）埼玉県は、渋沢栄一《しぶさわえいいち》ゆかりの地だ。

⑫（　　）千葉県には、有名なテーマパークがある。

⑬（　　）東京都は、日本の首都である。

⑭（　　）神奈川県には、大きな港がある。

⑮（　　）新潟県は、お米の生産量が日本一だ。

⑯（　　）富山県には、大きなダムがある。

⑰（　　）石川県の兼六園《けんろくえん》は、日本三大名園の一つだ。

⑱（　　）福井県は、メガネ作りがさかんだ。

⑲（　　）山梨県で、ほうとうを食べる。

⑳（　　）長野県は、ブドウの産地だ。

㉑（　　）岐阜県の白川郷《しらかわごう》は、合掌造《がっしょうづく》りで有名だ。

㉒（　　）富士山《ふじさん》は、静岡県からよく見える。

㉓（　　）愛知県では、みそを使った料理が人気だ。

㉔（　　）三重県の伊勢神宮《いせじんぐう》は、パワースポットとして知られている。

思いやりのデザイン（全文読解《どっかい》）

名前

教科書

「思いやりのデザイン」を読んで答えましょう。

(1) この「思いやりのデザイン」の文を「初め」・「中」・「終わり」に分けたとき、①〜⑤の段落は、どこにあてはまりますか。（　）に①〜⑤のばん号で答えましょう。※一つの（　）に二つのばん号が入ることもあります。(5×3)

・初め（　　）（　　）
・中（　　）（　　）
・終わり（　　）（　　）

(2) この文章の「中」には、どんなことが書かれていますか。あてはまるものに○をつけましょう。(5)

（　）インフォグラフィックスの説明
（　）文全体のまとめ
（　）まちの案内図の例

● (3) ①段落を読んで答えましょう。

次の文はインフォグラフィックスを説明した文です。（　）にあてはまる言葉を□からえらんで書きましょう。(5×5)

・（　　）ことを、絵や（　　）、（　　）を組み合わせて見える形にしたもの。
・（　　）と（　　）を合わせた言葉。

図	インフォメーション	伝えたい
文字	グラフィックス	

● (4) ②段落を読んで答えましょう。

わたしがインフォグラフィックスを作るときに大切にしていることは、何ですか。(10)

□□□□□から考えること。

● (5) ③④段落を読んで答えましょう。

③と④の段落では、案内図の例をくらべて、それぞれのちがいを説明しています。次の㋐〜㋒の文は、Aの案内図かBの案内図、どちらのことを説明していますか。□の説明を読んでAかBを（　）に書きましょう。※教科書の図も見ましょう。(5×3)

㋐（　）まちに来た多くの人の役に立つ。
㋑（　）まち全体の様子を知りたい人には十分なものではない。
㋒（　）目的地が決まっている人にとっては、まよわず安心して目的地に向かえる。

・Aの案内図…どこにどんな建物があるかを、だれが見ても分かるように表している。たくさんの道や目印がある。
・Bの案内図…目的地までの道順と目印になる建物だけを表している。

● (6) ⑤段落を読んで答えましょう。

インフォグラフィックスを作るときには、何が大切だといっていますか。（　）にあてはまる言葉を□からえらんで書きましょう。(5×3)

相手の（　　）に合わせて、どう見えると（　　）のかを考えながら（　　）すること。

分かりやすい	目的	デザイン

(7) インフォグラフィックスは、どんなデザインだと筆者はいっていますか。(完15)

見る人の□□に立って作る、□□□□のデザイン。

アップとルーズで伝える (1)

テレビでサッカーの試合を放送しています。今はハーフタイム。もうすぐ後半が始まろうとするところで、㋐画面には会場全体がうつし出されています。両チームの選手たちは、コート全体に広がって、体を動かしています。観客席は、ほぼ まんいんといっていいでしょう。おうえんするチームの、チームカラーの洋服などを身に着けた人たちでうまっています。会場全体が、静かに、こうふんをおさえて、開始を待ち受けている感じが伝わります。

いよいよ後半が始まります。㋑画面は、コートの中央に立つ選手をうつし出しました。ホイッスルと同時にボールをける選手です。顔を上げて、ボールをける方向を見ているようです。

㋒初めの画面のように、広いはんいをうつすとり方を「ルーズ」といいます。㋓次の画面のように、ある部分を大きくうつすとり方を「アップ」といいます。何かを伝えるときには、このアップとルーズを選んだり、組み合わせたりすることが大切です。アップとルーズでは、どんなちがいがあるのでしょう。

（令和六年度版　光村図書　国語　四上　かがやき　中谷《なかや》　日出《ひで》）

名前

● 上の文章を読んで答えましょう。

(1) ㋐画面について答えましょう。

① ㋐の画面には、何がうつし出されていますか。四文字で書き出しましょう。(10)

□□□□

② 両チームの選手たちの様子を書きましょう。(10)

（　　　　）

③ ㋐の画面から、会場全体のどんな感じが伝わりますか。(15)

（　　　　）

(2) ㋑画面について答えましょう。

① ㋑の画面は、何をうつし出しましたか。(10)

（　　　　）

② ボールをける選手の様子を書きましょう。(15)

（　　　　）

(3) ㋒初めの画面と㋓次の画面のとり方を、何といいますか。また、どんなとり方ですか。(10×4)

㋒（　　　　）といい、（　　　　）とり方。

㋓（　　　　）といい、（　　　　）とり方。

アップとルーズで伝える (2)

アップでとった(ア)ゴール直後のシーンを見てみましょう。ゴールを決めた選手が両手を広げて走っています。ひたいにあせを光らせ、口を大きく開けて、全身でよろこびを表しながら走る選手の様子がよく伝わります。(イ)アップでとると、細かい部分の様子がよく分かります。しかし、このとき、ゴールを決められたチームの選手は、どんな様子でいるのでしょう。それぞれのおうえん席の様子はどうなのでしょう。走っている選手いがいの、うつされていない多くの部分のことは、アップでは分かりません。

(ウ)試合終了《りょう》直後のシーンを見てみましょう。勝ったチームのおうえん席です。あちこちでふられる旗、たれまく、立ち上がっている観客と、それに向かって手をあげる選手たち。選手とおうえんした人たちとが一体となって、勝利をよろこび合っています。(エ)ルーズでとると、広いはんいの様子がよく分かります。でも、各《かく》選手の顔つきや視《し》線、それらから感じられる気持ちまでは、なかなか分かりません。

このように、アップとルーズには、それぞれ伝えられることと伝えられないことがあります。それで、テレビでは、ふつう、何台ものカメラを用意していろいろなうつし方をし、目的におうじてアップとルーズを切りかえながら放送をしています。

(令和六年度版　光村図書　国語　四上　かがやき　中谷《なかや》　日出《ひで》)

名前

● 上の文章を読んで答えましょう。

(1) (ア)ゴール直後のシーンについて答えましょう。

① 次のどちらのとり方でとられていますか。○をつけましょう。 (6)

アップ（　　）　ルーズ（　　）

② ゴールを決めた選手の、どんな様子が伝わりますか。（　）にあてはまる言葉を書きましょう。 (10×2)

両手を広げて走っています。

ひたいに（　　　　）、口を大きく開けて、全身で（　　　　）走る様子。

(2) (イ)アップでとると、よく分かることはどんなことですか。 (10)

(3) アップでは分からない、うつされていない、ゴール直後のシーンを、文中から見つけ二つ書きましょう。 (10×2)

・（　　　　）の様子。

・（　　　　）の様子。

(4) (ウ)試合終了直後のシーンについて答えましょう。

① どこをとっていますか。 (10)

（　　　　）

② 次のどちらのとり方でとられていますか。○をつけましょう。 (6)

アップ（　　）　ルーズ（　　）

(5) ルーズでとるとよく分かることは、どんなことですか。 (10)

(6) ルーズでとると、なかなか分からないことを書きましょう。 (6×3)

各選手の（　　　　）や（　　　　）、それらから感じられる（　　　　）。

アップとルーズで伝える (3)

名前

写真にも、アップでとったものとルーズでとったものがあります。新聞を見ると、伝えたい内容《よう》に合わせて、どちらかの写真が使われていることが分かります。紙面の広さによっては、㋐それらを組み合わせることもあります。取材のときには、いろいろな角度やきょりから、多くの写真をとっています。そして、㋑その中から目的にいちばん合うものを選んで使うようにしています。

㋒同じ場面でも、アップとルーズのどちらで伝えるかによって伝わる内容がかわってしまう場合があります。だからこそ、送り手は伝えたいことに合わせて、アップとルーズを選んだり、組み合わせたりする必要があるのです。みなさんも、クラスの友達や学校のみんなに何かを伝えたいと思うことがあるでしょう。そのときには、ある部分を細かく伝える「アップ」と、広いはんいの様子を伝える「ルーズ」があることを思い出しましょう。そうすることで、より分かりやすく、あなたの伝えたいことを受け手にとどけることができるはずです。

（令和六年度版　光村図書　国語　四上　かがやき　中谷《なかや》　日出《ひで》）

● 上の文章を読んで答えましょう。

(1) ㋐それらは、何を指していますか。(10×2)

（　　　　）写真と（　　　　）写真。

(2) 新聞での写真の使われ方で、正しいもの三つに○をつけましょう。(8×3)

（　）伝えたい内容に合わせて使う。
（　）紙面の広さによって、組み合わせて使う。
（　）できるだけアップでとった写真を使う。
（　）目的にいちばん合うものを使う。
（　）取材のときにとった写真を、全て使う。

(3) ㋑そのは、何を指していますか。五文字で書きましょう。(10)

□□□□□

(4) ㋒同じ場面でも、アップとルーズのどちらで伝えるかで、何がかわってしまいますか。(10)

（　　　　）

(5) 「アップ」と「ルーズ」について答えましょう。

① それぞれ、どんなことを伝えますか。(10×2)

・「アップ」（　　　　）伝える。
・「ルーズ」（　　　　）を伝える。

② □の(あ)～(え)の様子は「アップ」と「ルーズ」、どちらでとると、より分かりやすいですか。それぞれの下の（　）に、あてはまる記号を書きましょう。(8×2)

・「アップ」（　　）・「ルーズ」（　　）

(あ) 遠足で行った山の景色。
(い) ちょうが花のみつをすう様子。
(う) 運動会のリレーで最初にゴールした人の様子。
(え) 音楽会でクラス全員で歌っている様子。

お礼の気持ちを伝えよう

名前

(1) お礼の気持ちを伝える手紙を書く手順について、（　）にあてはまる言葉を[　]から選んで書きましょう。（5×8）

① 相手と内容《よう》を考える。

（　　　）に、（　　　）についてお礼を伝えるかを決める。

② 手紙の型《かた》にそって、書く内容をたしかめる。

（　　　）ごとに、書く内容をたしかめる。

③ 手紙を書いて、読み返す。

（　　　）に書く。書き終わったら、字の（　　　）がないかなどをたしかめる。

④ 手紙を送る。

――ふうとうの表に（　　　）、うらに（　　　）の、ゆうびん番号、住所、（　　　）を書いて、送る。

まとまり　自分　どんなこと　名前　まちがい　相手　だれ　ていねい

(2) 次のお礼の手紙の文章を読んで、答えましょう。

①
緑がまぶしい季節となりました。森山さんはお元気ですか。先週、さくら祭りについて教えていただいた、長山小学校四年一組の安田実夏です。

②
この間は、お祭りのれきしについて、くわしく教えてくださり、本当にありがとうございました。昔の写真や、お祭りで使われている道具を見せてくださったので、とてもよく分かりました。クラスで発表したら、みんなもおどろいていました。来年のお祭りが、いつもより楽しみです。

③
これからもお体に気をつけてください。
さようなら。

④
五月十五日
安田実夏
森山幸二様

（令和六年度版　光村図書　国語　四上　かがやき「お礼の気持ちを伝えよう」による。）

(1) 上の手紙の①～④は、手紙の型では、何という部分ですか。[　]から選んで、（　）に記号で答えましょう。（10×4）

① （　　　）　② （　　　）

③ （　　　）　④ （　　　）

㋐ 後づけ　㋑ 初めのあいさつ　㋒ むすびのあいさつ　㋓ 本文

(2) この手紙は、だれが、だれに、どんなことについてお礼を伝えたものですか。

・だれが（名前）（　　　）さん　⑤

・だれに（名前）（　　　）さん　⑤

・どんなこと（　　　）　⑩

一つの花 (1)

名前

「なんてかわいそうな子でしょうね。一つだけちょうだいと言えば、何でももらえると思ってるのね。」

あるとき、お母さんが言いました。

すると、お父さんが、深いため息をついて言いました。

「この子は、一生、みんなちょうだい、山ほどちょうだいと言って、両手を出すことを知らずにすごすかもしれないね。一つだけのいも、一つだけのにぎり飯、一つだけのかぼちゃのにつけ――。みんな一つだけ。一つだけのよろこびさ。いや、よろこびなんて、一つだってもらえないかもしれないんだね。いったい、大きくなって、どんな子に育つだろう。」

　㋐そんなとき、お父さんは、決まってゆみ子をめちゃくちゃに高い高いするのでした。

　それからまもなく、あまりじょうぶでないゆみ子のお父さんも、戦争に行かなければならない日がやって来ました。

　㋑お父さんが戦争に行く日、ゆみ子は、お母さんにおぶわれて、遠い汽車の駅まで送っていきました。頭には、お母さんの作ってくれた、わた入れの防《ぼう》空頭巾《きん》をかぶっていきました。

　お母さんのかたにかかっている㋒かばんには、包帯、お薬、配給のきっぷ、そして、大事なお米で作ったおにぎりが入っていました。

　ゆみ子は、おにぎりが入っているのをちゃあんと知っていましたので、

「一つだけちょうだい、おじぎり、一つだけちょうだい。」

と言って、駅に着くまでにみんな食べてしまいました。お母さんは、戦争に行くお父さんに、ゆみ子の泣き顔を見せたくなかったのでしょうか。

（令和六年度版　光村図書　国語　四上　かがやき　今西《いまにし》祐行《すけゆき》）

● 上の文章を読んで答えましょう。

(1) この文章の登場人物を三人書きましょう。（7×3）
（　　）（　　）（　　）

(2) ゆみ子は、一つだけちょうだいと言えば、どうなると思っていますか。（7）
（　　）

(3) ㋐そんなときについて、答えましょう。
① ㋐そんなときとは、どんなときですか。あてはまる方に○をつけましょう。（4）
（　）ゆみ子が「みんなちょうだい、山ほどちょうだい。」と言ったとき。

（　）「ゆみ子はいったい、大きくなって、どんな子に育つだろう。」と、お父さんが考えたとき。
② ㋐そんなとき、お父さんは何をするのですか。（8）
（　　）

(4) ㋑お父さんが戦争に行く日、だれが、だれを、どこまで送っていきましたか。（7×4）
・だれが（　　）と（　　）
・だれを（　　）・どこまで（　　）まで

(5) お母さんの㋒かばんには、何が入っていましたか。（7×4）
（　　）、（　　）、（　　）、そして、（　　）。

(6) お父さんに、ゆみ子の泣き顔を見せたくなかったお母さんは、ゆみ子に、何をしましたか。一つに○をつけましょう。（4）
（　）おにぎりを、一つあげた。

（　）おにぎりを、二つあげた。

（　）おにぎりを、全部あげた。

一つの花 (2)

ア、いよいよ汽車が入ってくるというときになって、またゆみ子の「一つだけちょうだい。」が始まったのです。

「みんなおやりよ、母さん。おにぎりを――。」

お父さんが言いました。

「ええ、もう食べちゃったんですの――。ゆみちゃん、いいわねえ。お父ちゃん、兵隊ちゃんになるんだって。ばんざあいって――。」

お母さんは、そう言ってゆみ子をあやしましたが、ゆみ子は、イ ウ泣きだしてしまいました。

「一つだけ。一つだけ。」

と言って。

お母さんが、ゆみ子を一生けんめいあやしているうちに、お父さんが、ぷいといなくなってしまいました。

お父さんは、プラットホームのはしっぽの、ごみすて場のような所に、わすれられたようにさいていたコスモスの花を見つけたのです。あわてて帰ってきたお父さんの手には、エ一輪のコスモスの花がありました。

「ゆみ。さあ、一つだけあげよう。一つだけのお花、大事にするんだよう――。」

ゆみ子は、お父さんに花をもらうと、キャッキャッと足をばたつかせてよろこびました。

お父さんは、オそれを見てにっこりわらうと、何も言わずに、汽車に乗って行ってしまいました。ゆみ子のにぎっている、一つの花を見つめながら――。

（令和六年度版　光村図書　国語　四上　かがやき　今西《いまにし》祐行《すけゆき》）

名前

● 上の文章を読んで答えましょう。

(1) ア と イ に入る言葉を［　］から選び、（　）に書きましょう。(5×2)

はじめに　とうとう　ところが

ア（　　　　）　イ（　　　　）

(2) ゆみこは、ウ泣きだしてしまいましたについて答えましょう。

① ゆみ子は、何と言って泣きだしましたか。(10)

（　　　　）

② お母さんは、何をしましたか。(10)

（　　　　）

③ お父さんは、どんなことをしましたか。（　）にあてはまる言葉を書きましょう。(10×3)

プラットホームのはしっぽの、（　　　　）のような所に、（　　　　）ようにさいていた（　　　　）の花を一輪つんで、ゆみ子にあげた。

(3) エ一輪のコスモスの花を、お父さんは、ゆみ子に何と言ってあげましたか。(10×2)

「□□□□のお花、□□にするんだよう――。」

(4) お父さんは、オそれを見てとありますが、「それ」とは、何を指していますか。(10)

（　　　　）

(5) お父さんが、汽車に乗って行ってしまうときに、見つめていたものは何ですか。(10)

（　　　　）

一つの花 (3)（全文読解《どっかい》）

教科書

「一つの花」を読んで答えましょう。

名前

(1) この物語の登場人物を書きましょう。（5×3）

（　　　）（　　　）（　　　）

(2) 次の問いに答えましょう。

場面	問い	点	答え
1（場面）	① ゆみ子が最初にはっきりおぼえた言葉は何でしたか。	10	（　　　）
1（場面）	② お母さんは、ゆみ子に何と言って自分の分から一つ分けてあげましたか。	10	（　　　）
2	③ お父さんは、ゆみ子のしょうらいについて、どんな心配をしていますか。 （　　　）ちょうだいとしか言えずに、一つだけの（　　　）さえもらえないかもしれない。いったい大きくなって、どんな子に育つだろう。	5×2	
2	④ お父さんはどんな気持ちでゆみ子をめちゃくちゃに高い高いしたのでしょう。あなたの考えを書きましょう。	10	（　　　）
2	⑤ お母さんがゆみ子におにぎりを全部食べさせたのはどうしてですか。	10	（　　　）
2	⑥ 「一つだけ。一つだけ。」と泣きだしたゆみ子にお父さんはどうしましたか。	10	（　　　）
3	⑦ 十年の年月《としつき》がすぎ、ゆみ子の家は何でいっぱいに包まれていますか。	10	（　　　）

(3) 3の場面では、「一つだけ」という言葉が出てきません。それはどうしてだと思いますか。あなたの考えを書きましょう。（10）

（　　　）

(4) この物語を読んだ感想を書きましょう。（5）

つなぎ言葉のはたらきを知ろう (1)

名前

(1) 次の（　）に合うつなぎ言葉を□から選んで書きましょう。（8×8）

① 健康は大切だ。（　　　）、栄養とすいみんをしっかり取ろう。

② 上田さんは、家族で服を買いに行った。（　　　）、気に入ったものは見つからなかった。

③ このおかしは安い。（　　　）、とてもおいしい。

④ 今度の休日は、動物園に行きますか。（　　　）、水族館に行きますか。

⑤ あの女の人は、母の姉だ。（　　　）、わたしのおばだ。

⑥ この話は、ここまでにしましょう。（　　　）、明日の遠足の話をします。

⑦ わたしは、プリンが好きだ。（　　　）、あまくておいしいからだ。

⑧ わたしは、国語がとく意だ。（　　　）、弟は算数がとく意だ。

だから	なぜなら	では
しかも	しかし	いっぽう
それとも	つまり	

(2) 次の文の（　）に①、②のつなぎ言葉を入れると、どんな気持ちを表すことができますか。あてはまるものを——線でむすびましょう。（6×2）

一位をめざして、いっしょうけんめい走った。
（　　）、二位だった。

① だから・　　・二位になってくやしい気持ち

② しかし・　　・二位になってよかったという気持ち

(3) ——線に気をつけて、次のA、Bの文の続きを考えて書きましょう。（6×4）

① A テストのために、勉強をがんばった。けれども、（　　　）

B テストのために、勉強をがんばった。それで、（　　　）

② A わたしは、音楽を聞くことが好きだ。なぜなら、（　　　）

B わたしは、音楽を聞くことが好きだ。それに、（　　　）

つなぎ言葉のはたらきを知ろう (2)

名前

(1) 次のはたらきにあてはまるつなぎ言葉の例が一つずつ書いてあります。同じようなはたらきのつなぎ言葉を[　]から選んで、(　)に書きましょう。(7×6)

① 前の文を理由とする文や、前の文から予想される文が、次に来ることを表す。

〈例〉だから　(　　　)

② 前の文と反対になるような文や、前の文から予想されない文が、次に来ることを表す。

〈例〉しかし　(　　　)

③ 前と後ろの文が、同じようにならんでいることを表す。前の文に、後ろの文をつけくわえることを表す。

〈例〉また　(　　　)

④ 前の文と後ろの文をくらべたり、どちらかを選んだりすることを表す。

〈例〉それとも　(　　　)

⑤ 前の文についての説明を表す。

〈例〉つまり　(　　　)

⑥ 話題をかえることを表す。

〈例〉では　(　　　)

けれども	ところで	または
そのため	例えば	そして

(2) 次の文の続きとして、あてはまる方に○をつけましょう。(8×6)

① 雨がふりそうだ。そのため、――

(　)かさを持っていかない。
(　)かさを持っていく。

② 毎日、練習をがんばった。でも、――

(　)試合に勝つことができた。
(　)試合に勝てなかった。

③ 山田さんは、ピアノが上手だ。しかも、――

(　)バイオリンもひける。
(　)バイオリンはひけない。

④ わたしは、花が好きです。例えば、――

(　)虫も好きです。
(　)満開のサクラが好きです。

⑤ テストで満点をとった。なぜなら、――

(　)毎日、勉強をがんばったからだ。
(　)勉強をあまりしなかったからだ。

⑥ わたしは、夕食にハンバーグが食べたい。または、――

(　)オムライスが食べたい。
(　)オムライスを食べた。

(3) 次の文は、どんな気持ちを表していますか。あてはまる方に○をつけましょう。⑩

テストで満点をとるために、いっしょうけんめい勉強した。しかし、90点だった。

(　)90点をとってうれしい。
(　)90点をとってくやしい。

短歌・俳句《はいく》に親しもう（一）

名前

(1) 次の短歌と解説《かい》を読んで答えましょう。

(あ) 石走る《いわばし》垂水《たるみ》の上のさわらびの
萌《も》え出《い》づ(ず)る春になりにけるかも
志貴皇子《しきのみこ》

(解説) 岩の上をいきおいよく流れるたきのそばの、わらびが芽を出す春になったのだなあ

(い) 君がため春の野に出《い》でて若菜《わかな》摘《つ》む
我《わ》が衣手《ころもで》に雪は降《ふ》りつつ
光孝天皇《こうこうてんのう》

(解説) あなたのために、春の野に出かけて若菜を摘むわたしのそでに、雪がずっと降りつづいている。

(う) いにしへ(え)の奈良の都の八《や》重桜《えざくら》
今日九重《ここのえ》に匂《にお》ひ(い)ぬるかな
伊勢大輔《いせのたいふ》

(解説) 昔の都だった奈良の八重桜が、今日は、京都の九重（天皇の住まい）で色美しくさいていることだ。

（令和六年度版　光村図書　国語　四上　かがやき「短歌・俳句に親しもう（一）」による）

① (あ)(い)(う)の短歌を、五・七・五・七・七のリズムになるように「／」線で区切りましょう。(8×3)

② (あ)の短歌について、垂水とは、何を表していますか。(解説)を読んで答えましょう。(6)

（　　　　）

③ (い)の短歌について、季節はいつですか。あてはまるものに○をつけましょう。(4)

（　）春のはじめ　（　）春のさかり　（　）春のおわり

④ (う)の短歌について、匂ひぬるかなとは、どんな様子を表していますか。(解説)を読んで答えましょう。(6)

（　　　　）

(2) 次の俳句を読んで答えましょう。

(え) 梅一輪一輪ほどの暖《あたた》かさ
服部《はっとり》　嵐雪《らんせつ》

(お) 夏河《かわ》を越《こ》すうれしさよ手に草履《ぞうり》
与謝《よさ》　蕪村《ぶそん》

(か) 雀《すずめ》の子そこのけそこのけ御《お》馬が通る
小林《こばやし》　一茶《いっさ》

（令和六年度版　光村図書　国語　四上　かがやき「短歌・俳句に親しもう（一）」による）

① 次の文は、俳句の特ちょうについて書いた文です。（　）に数を漢字で書きましょう。(4×4)

俳句は、リズムよく読めるように、（　）音・（　）音・（　）音の、合わせて（　）音で、できています。

② (え)(お)(か)の俳句の中で、字あまりの俳句はどれですか。記号で答えましょう。(6)

（　　　　）

③ (え)の俳句について、季語を書きましょう。また、季節は春・夏・秋・冬のうち、いつですか。(6×2)

季語（　　　）　季節（　　　）

④ (お)の俳句について、季語を書きましょう。また、季節は春・夏・秋・冬のうち、いつですか。(6×2)

季語（　　　）　季節（　　　）

⑤ (か)の俳句について、作者は、何に話しかけていますか。○をつけましょう。(6)

（　）雀の子　（　）馬

⑥ (え)と(お)の俳句を、五・七・五のリズムになるように／線で区切りましょう。(4×2)

新聞を作ろう

(1) 学校で新聞を作ります。新聞の作り方の順に1〜6の番号を入れましょう。（5×4）

（4）わり付《つ》けを決める。
（　）どんな新聞を作るかを話し合う。
（　）読み合って、感想を伝え合う。
（　）取材をし、メモを取る。
（1）新聞の工夫をたしかめる。
（　）記事を書き、新聞を仕上げる。

（令和六年度版　光村図書　国語　四上　かがやき「新聞を作ろう」による）

(2) 次の新聞を見て答えましょう。（5×4）

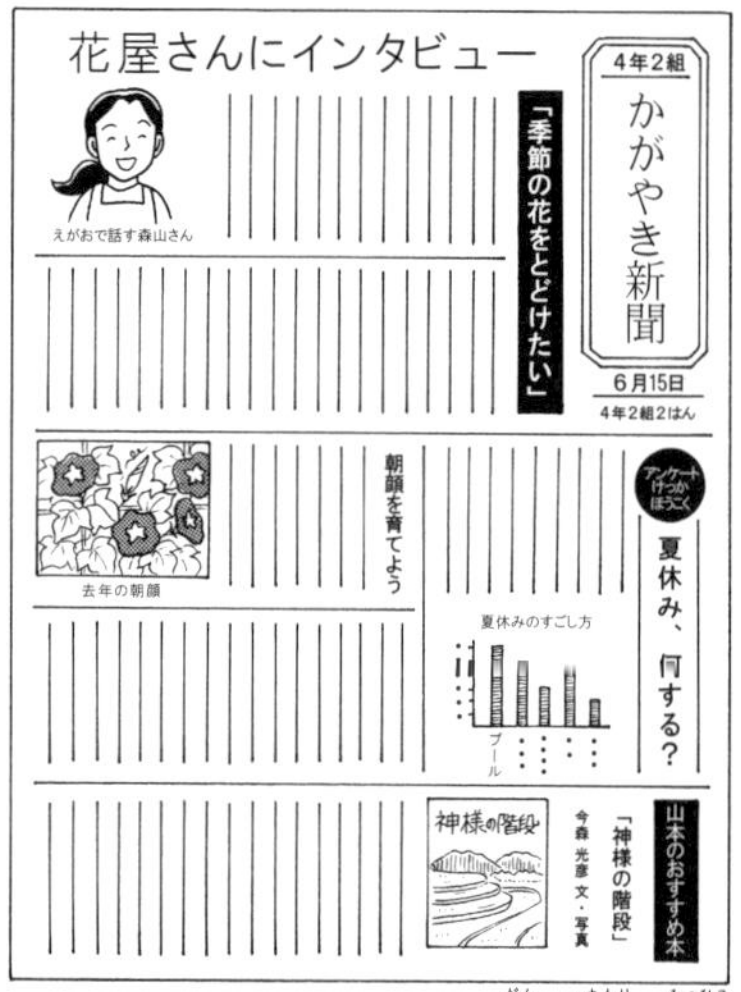

下段について「神様の階段」今森《いまもり》　光彦《みつひこ》

① この新聞の名前を書きましょう。
（　　　　）

② 発行日はいつですか。
（　　　　）

③ 発行者はだれですか。
（　　　　）

④ いちばん知らせたい記事の見出しを書きましょう。
（　　　　）

(3) 新聞は、どのような目的で、どのようにして作られますか。（　）にあてはまる言葉を□から選んで書きましょう。（3×20）

① 新聞は、（　　）な（　　）を、（　　）の人に（　　）ために作られる。

多く　さまざま　じょうほう　知らせる

② 新聞を作る前に、記事の（　　）と新聞の（　　）を決め、どんな人に（　　）か、読む人に（　　）ことは何かといったことを話し合う。

名前　知らせたい　テーマ　読んでもらいたい

③ 取材をするときは、（　　）なことを正しく（　　）する。また、（　　）してよいかをきいてから、（　　）をとる。

写真　さつえい　必要　記録

④ わり付けは、記事の（　　）と、新聞に入れる（　　）を決めることである。読む人に（　　）知らせたい（　　）を、（　　）ところで大きく取り上げる。

大きさ　いちばん　目立つ　記事　場所

⑤ 記事を（　　）し、（　　）がなければ、（　　）する。

清書　下書き　まちがい

名前

カンジーはかせの

都道府県の旅 2

● ——線の都道府県名の読みがなを（　）に書きましょう。

名前

①（　　　　）滋賀県には、日本一大きな湖、琵琶《びわ》湖がある。

②（　　　　）京都府には、れきし的な観光地が多くある。

③（　　　　）大阪府は、古くから商売の街として有名だ。

④（　　　　）兵庫県には、国宝《ほう》の姫路《ひめじ》城がある。

⑤（　　　　）奈良県で、大仏《ぶつ》を見物する。

⑥（　　　　）和歌山県は、ミカンの生産《さん》量が日本一である。

⑦（　　　　）鳥取県には、広いさきゅうがある。

⑧（　　　　）島根県の石見銀山《いわみぎんざん》は、世界遺《い》産だ。

⑨（　　　　）岡山県は、モモの生産がさかんだ。

⑩（　　　　）広島県は、カキの生産量が日本一である。

⑪（　　　　）山口県で、ふぐ料理を食べる。

⑫（　　　　）徳島県で、阿波《あわ》おどりに参加する。

⑬（　　　　）香川県は、うどんが有名だ。

⑭（　　　　）今治《いまばり》タオルは、愛媛県の特《とく》産品だ。

⑮（　　　　）高知県は、坂本龍馬《さかもとりょうま》の生まれた地だ。

⑯（　　　　）福岡県で、とんこつラーメンを食べる。

⑰（　　　　）有田焼《ありたやき》は、佐賀県の工芸《げい》品だ。

⑱（　　　　）長崎県で、カステラのお土産《みやげ》を買う。

⑲（　　　　）熊本県には、世界最大級のカルデラがある。

⑳（　　　　）大分県で、温せんを楽しむ。

㉑（　　　　）宮崎県には、有名な滝《たき》がある。

㉒（　　　　）桜島《さくらじま》は、鹿児島県のシンボルだ。

㉓（　　　　）沖縄県で、きれいな海をながめる。

季節の言葉２
夏の楽しみ

名前

1 次の六月〜八月のべつの言い方を下から選び、——線でむすびましょう。（6×3）

① 六月 ・　　・ 葉月《はづき》

② 七月 ・　　・ 文月《ふみづき》

③ 八月 ・　　・ 水無月《みなづき》

2 ——の部分を漢字にして、次の言葉を（　）に書きましょう。（7×4）

① くすだま（くす玉）

② あまのがわ（　　）

③ ふきながし（　　）

④ たなばた（　　）

3 次の文は、あとの□の中の、どの言葉を説明していますか。（　）に記号を書きましょう。（7×2）

(1)（　　）季節に合わせて、服を入れかえること。六月一日に夏用に、十月一日に冬用に入れかえる。

(2)（　　）一年で、もっとも昼の時間が長い日。六月二十一日ごろ。

㋐ 夏至《げし》　㋑ ころもがえ　㋒ たんざく

4 次の俳句《はいく》について答えましょう。

(1)

ものなくて軽《かろ》き袂《たもと》や衣更《ころもがえ》

高浜《たかはま》 虚子《きょし》

（令和六年度版　光村図書　国語　四上　かがやき「夏の楽しみ」による）

① この俳句の季語を、ひらがな五文字で書きましょう。（10）

② 五七五のリズムで読めるように、俳句を／線で区切りましょう。（10）

(2)

七夕や心もとなき朝ぐもり

高橋《たかはし》 淡路女《あわじじょ》

（令和六年度版　光村図書　国語　四上　かがやき「夏の楽しみ」による）

① この俳句の季語を、ひらがな四文字で書きましょう。（10）

② 五七五のリズムで読めるように、俳句を／線で区切りましょう。（10）

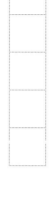

本のポップや帯を作ろう

名前

(1) 次の文の①～③は、「読みたい本のポップや帯を作る活動の流れ」について、書かれています。（　）にあてはまる言葉を［　］から選んで書きましょう。(8×6)

① 本の読み方について考える。

・（　　　）をもちながら読む。

・ところどころ読み返す。

・分からない（　　　）は、（　　　）で調べる。

② 読みたい本を選んで読む。

⬅

③ ポップや帯を作って、読んだ本をしょうかいし合う。

・読んだ本の（　　　）を、ポップや帯で伝え合う。

・心にのこった文を（　　　）したり、（　　　）を書いて、ポップを作る。

［国語辞典　引用　問い　キャッチコピー　言葉　よさ］

(2) 林さんが「神様の階段《だん》」をしょうかいしたポップを読んで、答えましょう。

林さんが書いたポップ

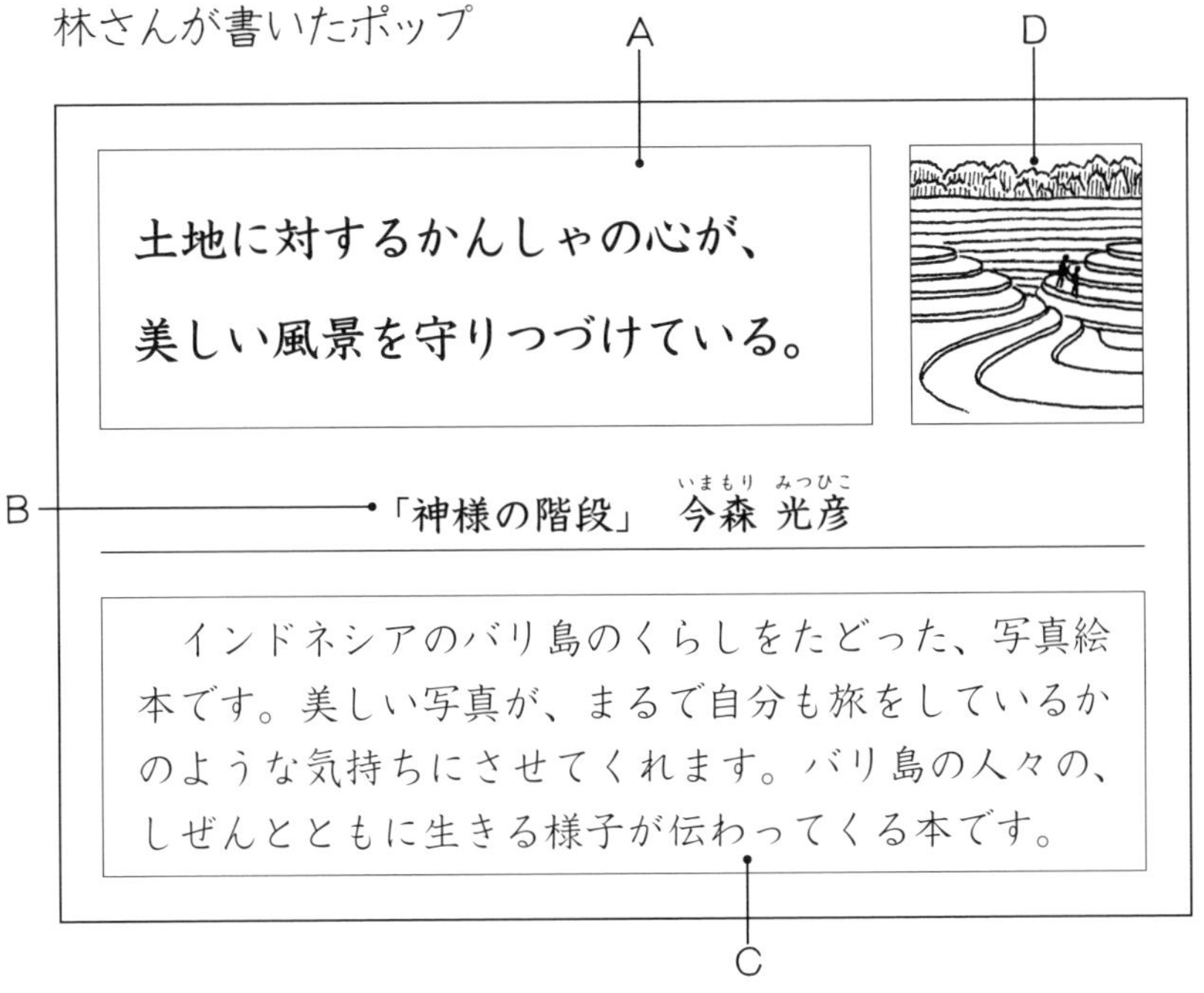

「神様の階段」　今森《いまもり》 光彦《みつひこ》
インドネシアのバリ島のくらしをたどった、写真絵本です。美しい写真が、まるで自分も旅をしているかのような気持ちにさせてくれます。バリ島の人々の、しぜんとともに生きる様子が伝わってくる本です。

① ポップのA～Dの部分は、次のうち何にあたりますか。あてはまるものと——線でむすびましょう。(10×4)

A・
B・
C・
D・

・本の内容《よう》のかんたんなしょうかいや、感想
・見る人をひきつけるイラスト
・心にのこった文の引用や、キャッチコピー
・題名や作者・筆者名

② Cを読んで、林さんは、「神様の階段」について、どんなことが伝わってくる本だといっていますか。(12)

（　　　　　　　　）

（令和六年度版　光村図書　国語　四上　かがやき　「本のポップや帯を作ろう」による）

神様の階段《だん》 (1)

ここは、インドネシアのバリ島。暑い、暑い、熱帯の島だ。

　㋐ぼくがこの島をおとずれようと思ったのは、ここには、昔ながらの美しい田んぼがたくさんのこっていると聞いたからだ。それは、いつも見ている日本の田んぼと、どうちがうのだろう。

　太陽がしずむと、気温が一気に下がり、あたりが急に青ずんできた。目の前にどうどうとそびえるのは、㋑アグン山だ。バリ島の人々は、昔から、島でいちばん高いこの山を、神様の住むしんせいな場所として大切にしてきた。明日は、あの山にもっと近づいてみよう。

　朝、山に向かって歩きだすと、すぐに玉のようなあせがふき出てきた。草いきれにまじって、どこからか、水をふくんだ土のにおいがする。

　急なしゃめんを上ると、㋒目の前に、段々になった田んぼ、たな田が広がっていた。

　小さな㋓ため池もある。いろいろな水草がしげっていて、メダカやゲンゴロウが泳いでいる。このため池は、きっと、山から流れてくるつめたい水を田んぼに入れる前に温めたり、食べるための魚をかったりするために作られているのだろう。

　そういえば、ぼくが子どものころには、近くの田んぼにもこんなため池があって、魚つりをして遊んだものだった。

　あぜ道には、いろいろな花がさいている。目にとまった白い花の名前を、通りかかった農家の人にきいてみた。

　ブンガ・ビンタン。

　「星の花」という意味だそうだ。

　ぼくは、足元のこんな小さな花に、そんなすてきな名前をつけるバリ島の人たちのことが、㋔すっかりすきになってしまった。

（令和六年度版　光村図書　国語　四上　かがやき　今森《いまもり》　光彦《みつひこ》）

名前

● 上の文章を読んで答えましょう。

(1) インドネシアのバリ島は、どんな島ですか。(10)

（　　　　）

(2) ㋐ぼくがこの島をおとずれようと思ったのは、なぜですか。(10)

（　　　　）

(3) バリ島の人々は、昔から㋑アグン山をどのようにしてきましたか。(5×3)

（　　）の住む（　　）な場所として（　　）にしてきた。

(4) ㋒目の前に、何が広がっていましたか。(10)

（　　　　）

(5) ㋓ため池について答えましょう。

① どんな生き物がいますか。三つ答えましょう。(5×3)

（　　）（　　）（　　）

② 何をするために、作られていますか。二つ書きましょう。(10×2)

（　　　　）

（　　　　）

(6) 「ブンガ・ビンタン」という花の名前の意味を三文字で書きましょう。(10)

□□□

(7) ぼくが、バリ島の人たちのことを㋔すっかりすきになってしまったのはなぜですか。(10)

（　　　　）

神様の階段《だん》 (2)

たわわに実った田んぼの一角で、女の人が何かをかざっている。デヴィ・スリという神様をおまねきするための場所、サンガパクワンを作っているのだという。

㋐デヴィ・スリは、ふだんは山に住んでいるが、いねが実ると、田んぼにまい下りてくるのだそうだ。そこで、人々は、デヴィ・スリのために小さな家を作って、花やお米やおかしをささげ、しゅうかくまでの間、そこに住んでもらう。デヴィ・スリがサンガパクワンに住み着くと、㋑必ず豊《ほう》作になるという。

真っ黄色にかがやくいねの海原《うなばら》を下っていると、花をのせたお皿を持った女の人たちとすれちがった。これは、チャナンサリという、神様のためのおそなえ物だ。

人々にとって、田んぼは、神様の住むアグン山へつづく道。山に向かって重なるたな田は、「神様の階段《だん》」。

青い海をのぞむしゃめんで、たくさんの人に出会った。横にならんで、かけ声をかけながら、けんめいにくわで土をほっている。だれもがみんな、あせだくだ。きいてみると、これから、ここにたな田を作るのだという。

バリ島の人たちにとって、お米を作ることは神様が住むしんせいな森に近づくこと。人々は、森が、水を育み、自分たちを生かしてくれていることを知っている。土地に対するかんしゃの心が、美しい風景を守りつづけている。

（令和六年度版　光村図書　国語　四上　かがやき　今森《いまもり》　光彦《みつひこ》）

名前

上の文章を読んで答えましょう。

(1) 次の言葉の説明を下から選び、——線で結びましょう。(10×4)

① デヴィ・スリ　・　　・神様をおまねきするための場所（小さな家）

② サンガパクワン　・　　・山に住む神様

③ チャナンサリ　・　　・神様の住む山

④ アグン山　・　　・神様のためのおそなえもの

(2) ㋐デヴィ・スリについて答えましょう。

① ふだんは、どこに住んでいますか。(10)

（　　　　）

② どんなときに、田んぼにまい下りてくるのですか。(10)

（　　　　）

(3) ㋑必ず豊作になるのは、どんなときですか。(10)

（　　　　）

(4) 「神様の階段」とは、何のことですか。(10)

（　　　　）

(5) 上の文章にあてはまるもの二つに、○をつけましょう。(10×2)

（　）バリ島の人たちにとって、お米を作ることは、青い海に近づくことである。

（　）バリ島の人たちは、森が、水を育み、自分たちを生かしてくれていることを知っている。

（　）バリ島の人たちの、土地に対するかんしゃの心が、美しい風景を守りつづけている。

忘《わす》れもの

名前

忘《わす》れもの

高田《たかだ》　敏子《としこ》

入道雲にのって
夏休みはいってしまった
「サヨナラ」のかわりに
素《す》晴《ば》らしい夕立をふりまいて

けさ　空はまっさお
木々の葉の一枚《まい》一枚が
あたらしい光とあいさつをかわしている

だがキミ！　夏休みよ
もう一度　もどってこないかな
忘れものをとりにさ

迷子《まいご》のセミ
さびしそうな麦わら帽子《ぼうし》
それから　ぼくの耳に
くっついて離《はな》れない波の音

（令和六年度版　光村図書　国語　四上　かがやき　高田　敏子）

● 上の詩を読んで答えましょう。

(1) この詩は、何連でできていますか。（10）

（　　）連

(2) 「夏休みはいってしまった」とは、夏休みがどうなったことを表していますか。（10）

（　　　　　　）

(3) 「キミ！」と、だれによびかけていますか。（10）

（　　　　　　）

(4) それぞれの連は、どんなことを表していますか。［　］から選び、（　）に記号を書きましょう。（10×4）

・第一連（　　）　・第二連（　　）
・第三連（　　）　・第四連（　　）

㋐ 夏休みの思い出（忘れもの）のこと。
㋑ 夏休みが終わったこと。
㋒ 夏休みが終わった次の日のこと。
㋓ 夏休みにもどってきてほしいと思っていること。

(5) 忘れものとして書かれているものを、この詩に出てくる順に三つ書き出しましょう。（10×3）

□□
□□□□□
□□□

ぼくは川

名前

ぼくは川

阪田《さかた》　寛夫《ひろお》

㋐
じわじわひろがり
背《せ》をのばし
土と砂《すな》とをうるおして
㋑
くねって　うねって　ほとばしり
とまれと言っても　もうとまらない
ぼくは川
㋒
真っ赤な月にのたうったり
砂《さ》漠《ばく》のなかに渇《かわ》いたり
㋓
それでも雲の影《かげ》うかべ
さかなのうろこを光らせて
あたらしい日へほとばしる
あたらしい日へほとばしる

（令和六年度版　光村図書　国語　四上　かがやき　阪田　寛夫）

● 上の詩を読んで答えましょう。

(1) この詩では「ぼく」は何だといっていますか。 (14)

（　　　　）

(2) 次の言葉を説明している文を下から選び、——線でむすびましょう。 (12×3)

① うねる　・　　　・いきおいよく飛びちる。ふき出す。
② ほとばしる　・　　　・苦しみ、もがいて、転がり回る。
③ のたうつ　・　　　・上下、左右に曲がる。

(3) ㋐と㋑では、それぞれ川のどのような様子を表していますか。（　）にあてはまる記号を一つずつ書きましょう。 (13×2)

（　）曲がりくねり、いきおいよく、はげしく流れる様子。
（　）静かに細く流れる様子。
（　）少しずつ広がりながら、ゆっくり流れる様子。

(4) ㋒は川のどのような様子を表していますか。一つに○をつけましょう。 (12)

（　）かすかに光ってさみしく流れる様子。
（　）楽しく心地よく流れる様子。
（　）苦しくつらいことに、向き合いながら流れる様子。

(5) この詩では、「ぼく」のどんな気持ちを表していると思いますか。一つに○をつけましょう。 (12)

（　）おとなしく静かに、目立たないようにしようとする気持ち。
（　）苦しいことやつらいことがあっても、前へ進もうとする気持ち。
（　）楽しく明るくすごそうとする気持ち。

パンフレットを読もう

名前

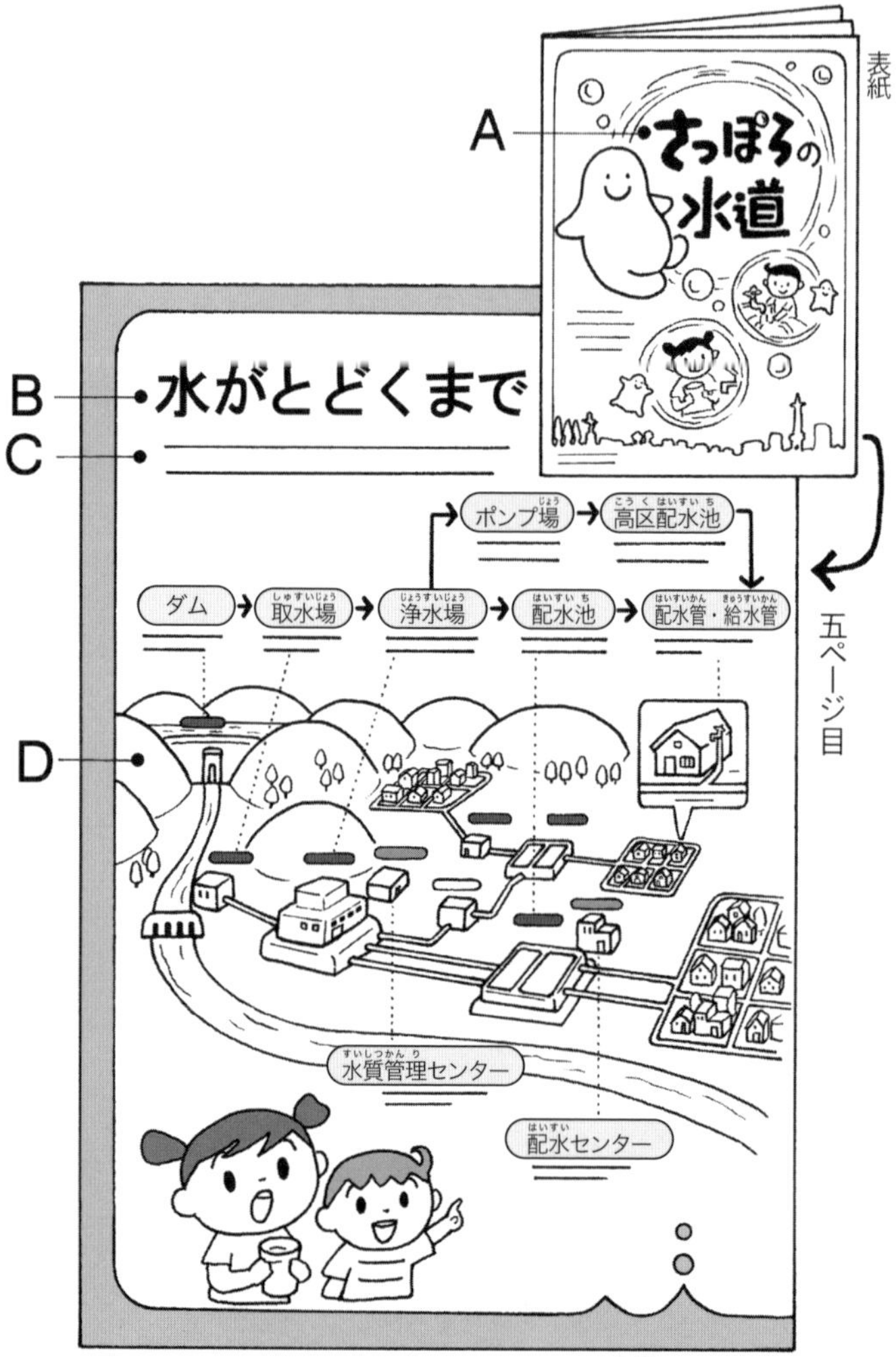

（札幌《さっぽろ》市水道局より）

（令和六年度版　光村図書　国語　四上　かがやき　「パンフレットを読もう」による）

(1) 右のパンフレットの「水がとどくまで」を見て、次の問いに答えましょう。

① A～Dにあたる部分を□から選んで、（　）に書きましょう。（5×4）

A（　　　　）　B（　　　　）

C（　　　　）　D（　　　　）

絵　タイトル　見出し　短い文章

② 次の㋐～㋒について、それぞれどのようなことに気づきましたか。あなたの考えを書きましょう。（10×3）

㋐ 文字の大きさ

（　　　　　　　　）

㋑ 絵や図でしめされていること

（　　　　　　　　）

㋒ 文章と絵との関係

（　　　　　　　　）

(2) 次の文章は、パンフレットについて説明したものです。（　）にあてはまる言葉を□から選んで書きましょう。（5×6）

・場所や（　　　　）について、（　　　　）をしたり、よさを知らせたりするためのものである。

・少ない（　　　　）でできており、（　　　　）に持ち運ぶことができる。

・絵や（　　　　）と（　　　　）文章で作られており、読む人にとって分かりやすい。

手軽　短い　説明　ページ　物　写真

(3) パンフレットには、どのようなものがありますか。正しいものには○、まちがっているものには×を（　）に書きましょう。（5×4）

（　）クラスの卒業文集

（　）食品工場の見学案内

（　）動物園の園内マップ

（　）乗り物の図かん

書くときに使おう
どう直したらいいかな

名前

(1) 次の文章は、文章を書いた後、見直すときに気をつけることをまとめたものです。（　）にあてはまる言葉を［　］から選んで書きましょう。（6×5）

・内容《よう》の（　　）ごとに（　　）を分ける。
・「です・ます」と、「だ・である」を（　　）。
・読む人が知らない言葉や（　　）がないか、（　　）に合う文章になっているかを考える。

そろえる　目的　段落《だん》　まとまり　漢字

（令和六年度版　光村図書　国語　四上　かがやき「どう直したらいいかな」による）

(2) 次の文を見直して、〈例〉のように、二通りの書き方で書き直しましょう。（5×4）

〈例〉明日、練習試合があります。
そのため、今日は早くねる。

（明日、練習試合があります。そのため、今日は早くねます。）
（明日、練習試合がある。そのため、今日は早くねる。）

① 昨日、動物園へ行った。
パンダがとてもかわいかったです。

（　　）
（　　）

② あなたの好きな花は何ですか。
わたしは、サクラソウが好きだ。

（　　）
（　　）

(3) ①～③の観点から、次の文章を分かりやすくなるように書き直しましょう。（50）

① 段落を分ける。
② 文末を「です・ます」にそろえる。
③ むずかしい言葉に、くわしい説明を加える。辞書などを使って調べてもよい。

あかしまちは、漁業がさかんな所です。とくに、あかしダイとあかしダコが、よく知られている。どちらも、漁かく量が多いです。また、きれいな水で有名な海水浴場もある。泳いでいると、海の底に白いすなはまが見えます。日の光に照らされてキラキラしており、とてもきれいだ。夏休みには、多くの観光客がおとずれます。

いろいろな意味をもつ言葉

名前

(1) ①〜④には、それぞれ上の言葉につながる同じ言葉が入ります。あてはまる言葉を□から選んで、□に書きましょう。（5×4）

① ・写真を ・ぼうしを ・満点を □

② ・時間を ・直径を ・重さを □

③ ・委員長に ・気に ・梅の実が □

④ ・明かりが ・学校に ・よごれが □

なる　とる　はかる　つく

(2) 次の――線の言葉は、それぞれ文の中でどんな意味で使われていますか。□から選んで、記号を書きましょう。（5×6）

①
（　）カゼをひく。
（　）ギターをひく。
（　）つなをひく。

㋐ ひっぱる　㋑ えんそうする
㋒ 病気にかかる

②
（　）ドアがあく。
（　）ビンがあく。
（　）手があく。

㋐ 空になる　㋑ ひらく
㋒ ひまになる

(3) 次の文の――線の言葉と同じ意味で使われているものに○をつけましょう。（5×4）

① 町の中心に図書館をたてる。
（　）計画をたてる。
（　）新しい家をたてる。

② テレビをみる。
（　）先生をみる。
（　）体の調子をみる。

③ にがい薬を飲む。
（　）おこられて、にがい顔をする。
（　）ブラックコーヒーは、にがい。
（　）にがいけいけんを思い出す。

④ 算数の問題をとく。
（　）くつひもをとく。
（　）たまごをとく。
（　）なぞをとく。

(4) 「かける」という言葉には、いろいろな意味があります。〈例〉の「でる」を使った文のように、ちがう意味をもった「かける」を使った文を二つ作りましょう。（15×2）

〈例〉 卒業式にでる。
受験の結果がでる。

（　　　）

（　　　）

ローマ字を使いこなそう

名前

(1)　ローマ字には、書き方が二つあるものがあります。次の文字を、もう一つの書き方で（　　）に書きましょう。　(8 × 8)

① し
si（　　　　）

② しゃ
sya（　　　　）

③ じ
zi（　　　　）

④ じゃ
zya（　　　　）

⑤ ち
ti（　　　　）

⑥ ちゃ
tya（　　　　）

⑦ つ
tu（　　　　）

⑧ ふ
hu（　　　　）

(2)　次の言葉を、二つの書き方で（　　）に書きましょう。

(3 × 12)

① 合唱
（　　　　）（　　　　）

② 塩気
（　　　　）（　　　　）

③ 地図
（　　　　）（　　　　）

④ 印刷
（　　　　）（　　　　）

⑤ 人生
（　　　　）（　　　　）

⑥ とうふ
（　　　　）（　　　　）

あせの役わり (1)（全文読解《どっかい》）

名前

教科書

「あせの役わり」を読んで答えましょう。

(1) 次の文の（　）にあてはまる言葉をあとの［　］から選び書き入れましょう。

① あせをかくことは、何をするうえで、大切なことですか。 (5)

命を（　　）うえで大切なことです。

② 体温が四十二度をこえると、何につながりますか。 (5×2)

（　　）に関《かか》わるほどの

重い（　　）症《しょう》。

③ 人の脳《のう》は、体温が上がるのを感知すると、なんという器官《きかん》に、どんな命令《れい》を出しますか。 (5×2)

ひふの（　　）という器官に、

「（　　）を出せ」という命令を出します。

④ どのようにして、体温が上がりすぎるのをふせいでいますか。 (5×4)

あせが（　　）から（　　）

するときに、（　　）の表面の（　　）を

うばい、体温が上がりすぎるのをふせいでいます。

⑤ かんせんの能《のう》力が低いと、どんなおそれがありますか。 (5×3)

あせをかく量《りょう》が（　　）なり、暑いところで

（　　）の上がり方が（　　）なる

おそれがあります。

⑥ かんせんをきたえ、熱中症《ねっちゅうしょう》をよぼうするには、ふだんからどんなことをしておくとよいですか。 (5×2)

ふだんから（　　）したり、外でたくさん

（　　）して、あせをかくとよい。

⑦ たくさんあせをかくようなときに、わすれてはいけないことはどんなことですか。 (5)

積極的《せっきょくてき》に（　　）をとること。

⑧ あせは、どのような役わりを果《は》たしていますか。 (5×2)

夏の（　　）や運動によって体温が

上がりすぎることから、人の命を守るという、

（　　）な役わり。

大切	暑さ	じょうはつ	少なく
遊んだり	あせ	熱《ねつ》	水分
守る	体	大きく	かんせん
命	熱中《ねっちゅう》	運動	ひふ
	体温		

(2) 次の文で「あせの役わり」の文章にあてはまるものに○を、あてはまらないものには×をつけましょう。 (5×3)

㋐（　）けんび鏡《きょう》で観察《かんさつ》すると、あせは、ひふのあちこちから、ぽつぽつとあせの水玉になって出て、広がっていく様子が分かる。

㋑（　）人の体は、水分をとらなくても、命に関わることはない。

㋒（　）あせがひふからじょうはつすることで、体の表面の熱をうばい、体温が上がりすぎるのをふせぐ仕組みは、夕立の後に、ぬれた地面がかわくと、気温が下がる仕組みと同じである。

あせの役わり　(2)（要約《ようやく》）

教科書

「あせの役わり」を読んで、この文章を読んだことがない人にも内容がわかるように要約しましょう。

名前

ごんぎつね (1)

名前

「ああ、そうしきだ。」と、ごんは思いました。

「兵十《ひょうじゅう》のうちのだれが死んだんだろう。」

お昼がすぎると、ごんは、村の墓《ぼ》地へ行って、六地蔵《ぞう》さんのかげにかくれていました。いいお天気で、遠く向こうには、お城の屋根がわらが光っています。墓地には、ひがん花が、赤いきれのようにさき続いていました。と、村の方から、カーン、カーンと、かねが鳴ってきました。そうしきの出る合図です。

やがて、白い着物を着たそうれつの者たちがやって来るのが、ちらちら見え始めました。話し声も近くなりました。そうれつは、墓地へ入ってきました。㋐人々が通ったあとには、ひがん花がふみ折られていました。

ごんは、のび上がって見ました。兵十が、白いかみしもを着けて、いはいをささげています。いつもは、赤いさつまいもみたいな元気のいい顔が、今日はなんだかしおれていました。

「㋑ははん、死んだのは、兵十のおっかあだ。」ごんは、そう思いながら頭を引っこめました。

そのばん、㋒ごんは、あなの中で考えました。「兵十のおっかあは、とこについていて、うなぎが食べたいと言ったにちがいない。それで、兵十が、はりきりあみを持ち出したんだ。ところが、わしがいたずらをして、うなぎを取ってきてしまった。だから、兵十は、おっかあにうなぎを食べさせることができなかった。そのまま、おっかあは、死んじゃったにちがいない。ああ、うなぎが食べたい、うなぎが食べたいと思いながら死んだんだろう。ちょっ、㋓あんないたずらをしなけりゃよかった。」

(令和六年度版　光村図書　国語　四下　はばたき　新美《にいみ》　南吉《なんきち》)

(1) ごんは、なぜ村の墓地へ行ったのですか。正しいものに○をつけましょう。(10)
（　）村の方から、かねが鳴ってきたから。

（　）村の人たちに、いたずらをしようと思ったから。

（　）兵十のうちの、だれが死んだのか知りたかったから。

(2) ㋐人々とは、だれのことですか。(15)
（　　　）

(3) 「㋑ははん、死んだのは、兵十のおっかあだ。」とありますが、ごんは兵十のどんな様子を見てそう思ったのですか。二つ書きましょう。(15×2)
（　　　）

（　　　）

(4) ㋒ごんは、あなの中で考えました。とありますが、ごんが考えたことについて、次の問いに答えましょう。(10×3)
① 兵十のおっかあは、何を食べたかったのですか。
（　　　）
② おっかあは、それを食べることができましたか。
（　　　）
③ なぜ、おっかあは、それを食べられなかったのですか。
（　　　）

(5) ごんは、なぜ「㋓あんないたずらをしなけりゃよかった。」と思ったのですか。(15)
（　　　）

ごんぎつね (2)

ごんは、物置のそばをはなれて、向こうへ行きかけますと、どこかで、いわしを売る声がします。

「いわしの安売りだあい。生きのいい、いわしだあい。」

ごんは、その㋐いせいのいい声のする方へ走っていきました。と、弥助《やすけ》のおかみさんが、うら戸口から、

「いわしをおくれ。」

と言いました。いわし売りは、いわしのかごを積んだ車を道ばたに置いて、ぴかぴか光るいわしを両手でつかんで、弥助のうちの中へ持って入りました。ごんは、㋑そのすき間に、かごの中から五、六ぴきのいわしをつかみ出して、もと来た方へかけだしました。そして、兵十《ひょうじゅう》のうちのうら口から、うちの中へいわしを投げこんで、あなへ向かってかけもどりました。とちゅうの坂の上でふり返ってみますと、兵十がまだ、井戸のところで麦をといでいるのが小さく見えました。

ごんは、うなぎのつぐないに、まず一つ、㋒いいことをしたと思いました。

次の日には、ごんは山でくりをどっさり拾って、それをかかえて兵十のうちへ行きました。うら口からのぞいてみますと、兵十は、昼飯を食べかけて、茶わんを持ったまま、ぼんやりと考えこんでいました。変なことには、㋓兵十のほっぺたに、かすりきずがついています。どうしたんだろうと、ごんが思っていますと、兵十がひとり言を言いました。

「いったい、だれが、いわしなんかを、おれのうちへ放りこんでいったんだろう。おかげでおれは、ぬすびとと思われて、いわし屋のやつにひどいめにあわされた。」

と、ぶつぶつ言っています。

ごんは、㋔これはしまったと思いました。「かわいそうに兵十は、いわし屋にぶんなぐられて、㋕あんなきずまでつけられたのか。」

ごんはこう思いながら、そっと物置の方へ回って、その入り口にくりを置いて帰りました。

次の日も、その次の日も、ごんは、くりを拾っては兵十のうちへ持ってきてやりました。その次の日には、くりばかりでなく、松たけも二、三本、持っていきました。

（令和六年度版　光村図書　国語　四下　はばたき　新美《にいみ》南吉《なんきち》）

名前

(1) ㋐いせいのいい声とは、どんな声ですか。正しいものに○をつけましょう。(10)

（　）消え入りそうな声
（　）元気やいきおいのある声
（　）やさしくて温かみのある声

(2) ㋑そのすき間とありますが、どんなすき間ですか。(15)

（　　　　）

(3) ㋒いいこととは、どんなことですか。(15)

（　　　　）

(4) ㋓兵十のほっぺたに、かすりきずがついています。とありますが、なぜかすりきずがついているのですか。(15)

（　　　　）

(5) なぜごんは、㋔これはしまったと思ったのですか。(15)

（　　　　）

(6) ㋕あんなきずとは、どんなきずですか。(15)

（　　　　）

(7) ごんが、兵十のうちへ持ってきたものは何ですか。（　）に三つ書きましょう。(5×3)

・（　　　　）
・（　　　　）
・（　　　　）

ごんぎつね (3)

名前

お城の前まで来たとき、加助《かすけ》が言いだしました。

(あ)「さっきの話は、きっと、そりゃあ、神様のしわざだぞ。」

(い)「えっ。」

と、兵十《ひょうじゅう》はびっくりして、加助の顔を見ました。

「おれはあれからずっと考えていたが、どうも、そりゃ、人間じゃない、㋐神様だ。神様が、おまえがたった一人になったのをあわれに思わっしゃって《（お思いになって）》、いろんな物をめぐんでくださるんだよ。」

「そうかなあ。」

「そうだとも。だから、毎日、神様にお礼を言うがいいよ。」

「うん。」

ごんは、「㋑へえ、こいつはつまらないな。」と思いました。

「おれがくりや松たけを持っていってやるのに、そのおれにはお礼を言わないで、神様にお礼を言うんじゃあ、おれは引き合わないなあ。」

その明くる日も、ごんは、くりを持って、兵十のうちへ出かけました。兵十は、物置で縄をなっていました。それで、ごんは、うちのうら口から、こっそり中へ入りました。

㋒そのとき兵十は、ふと顔を上げました。と、きつねがうちの中へ入ったではありませんか。こないだ、うなぎをぬすみやがったあのごんぎつねめが、またいたずらをしに来たな。

「㋓ようし。」

兵十は立ち上がって、なやにかけてある火縄じゅうを取って、火薬をつめました。そして、足音をしのばせて近よって、今、戸口を出ようとするごんを、ドンとうちました。

ごんは、ばたりとたおれました。兵十はかけよってきました。うちの中を見ると、土間にくりが固めて置いてあるのが、目につきました。

「おや。」

と、兵十はびっくりして、ごんに目を落としました。

「ごん、おまい《おまえ》だったのか、いつも、くりをくれたのは。」

ごんは、ぐったりと目をつぶったまま、㋔うなずきました。

兵十は、火縄じゅうをばたりと取り落としました。青いけむりが、まだつつ口から細く出ていました。

（令和六年度版　光村図書　国語　四下　はばたき　新美《にいみ》　南吉《なんきち》）

(1) (あ)、(い)は、それぞれだれが言った言葉ですか。(10×2)

(あ)（　　　）　(い)（　　　）

(2) ㋐神様だ。とありますが、加助は、神様が兵十のことをどう思って、何をしたのだと考えましたか。(10)

（　　　）

(3) なぜごんは、「㋑へえ、こいつはつまらないな。」と思ったのですか。(10)

（　　　）

(4) ㋒そのときについて、答えましょう。(10×2)

① どんなときですか。

（　　　）

② 兵十は、ごんが何をしに来たのだと思いましたか。四文字で書きましょう。

(5) 「㋓ようし。」とありますが、兵十は何をしようとしたのですか。(10)

（　　　）

(6) ㋔うなずきました。とありますが、ごんはどんな言葉に対してうなずいたのですか。文中から抜き出しましょう。(15)

（　　　）

(7) 火縄じゅうを取り落としたとき、兵十はどんな気持ちでしたか。あなたの考えを書きましょう。(15)

（　　　）

ごんぎつね (4)（全文読解《どっかい》）

教科書

「ごんぎつね」の次の場面を読んで、答えましょう。

★「1」の場面を読んで答えましょう。

(1) ごんは、どんなきつねだったのでしょうか。正しいもの三つに○をつけましょう。（3×3）

（　）友だちが多かった。

（　）しだのいっぱいしげった森の中の、あなに住んでいた。

（　）いたずらばかりしていた。

（　）中山《なかやま》という所の、小さなお城に住んでいた。

（　）夜でも昼でも、あたりの村へ出てきた。

(2) ごんが、兵十《ひょうじゅう》にしたいたずらは何ですか。⑩

（　　　　）

★「2」の場面を読んで答えましょう。

(3) ごんがあなの中で考えたことについて、答えましょう。（5×2）

① うなぎが食べたいと言ったのは、だれだと思いましたか。

（　　　　）

② ごんは、自分がしたいたずらについて、どう思いましたか。

（　　　　）

★「3」の場面を読んで答えましょう。

(4) ごんが、兵十のうちの中へいわしを投げこんだのはなぜですか。⑩

（　　　　）

★「4」の場面を読んで答えましょう。

(5) 兵十が加助《かすけ》に言った不思議なこととは、どんなことですか。⑩

（　　　　）

名前

★「5」の場面を読んで答えましょう。

(6) 加助は、兵十に何をするといいと言いましたか。⑩

（　　　　）

★「6」の場面を読んで答えましょう。

(7) 兵十が火縄じゅうで、ごんをうったのはなぜですか。⑩

（　　　　）

(8) 兵十は、ごんに目を落とした後、何と言いましたか。文中から抜き出しましょう。⑦

（　　　　）

★「ごんぎつね」全体を読んで答えましょう。

(9) 物語の順番になるように、（　）に1〜6の番号を書きましょう。（4×6）

（　）うなぎのつぐないに、ごんは兵十のうちへいわしやくり、松たけを持って行く。

（　）くりや松たけは神様のしわざだと話しているのを聞き、ごんはがっかりする。

（　）いたずらぎつねのごんは、兵十のとった魚をにがし、うなぎを取ってきてしまう。

（　）兵十は火縄じゅうでごんをうった後、くりをとどけてくれていたのがごんだと知る。

（　）兵十のおっかあのそうしきを見て、ごんはうなぎを取ったことをこうかいする。

（　）くりや松たけが毎日置いてあることを、兵十が加助に話す。

漢字を正しく使おう

名前

(1) 読み方は同じでも、ちがう漢字を書くことがあります。次の文に合う方の言葉に○をつけましょう。(2×5)

① 最新の（機会・機械）を使う。

② となりの席が（空く・開く）。

③ 田中くんは、足が（早い・速い）。

④ みんなの意見が（会う・合う）。

⑤ 友だちに本を（返す・帰す）。

(2) 読み方は同じでも、ちがう漢字を書くことがあります。次の文に合う言葉を（　）に書きましょう。(5×6)

①
・一組（　）《いがい》は集まってください。
・駅は、（　）《いがい》に近かった。

②
・わたしは、星に（　）《かんしん》がある。
・友だちのすばらしいスピーチに（　）《かんしん》した。

③
・大会で（　）《にかい》ゆう勝したことがある。
・（　）《にかい》建ての家に住む。

(3) ――線の言葉を、漢字と送りがなで書きましょう。(5×6)

①
・漢字をかく。（　）
・漢字をかかない。（　）

②
・ペンをおとす。（　）
・ペンがおちる。（　）

③
・公園にあつまる。（　）
・公園にあつめる。（　）

(4) 次の言葉の読みを（　）に書きましょう。(5×6)

① 木かげで休む。（　）

② 今月の半ばに運動会がある。（　）

③ 戸外で運動する。（　）

④ 日本は米作がさかんだ。（　）

⑤ 七月七日は、七夕だ。（　）

⑥ 虫の羽音が聞こえる。（　）

季節の言葉3 秋の楽しみ

名前

1 次の九月〜十一月のべつの言い方を下から選び、——線でむすびましょう。（6×3）

① 九月 ・　　・神無月《かんなづき》
② 十月 ・　　・霜月《しもつき》
③ 十一月 ・　　・長月《ながつき》

2 ——の部分を漢字にして、次の言葉を（　）に書きましょう。（7×4）

① いろづく（色づく）
② つきみだんご（　　）
③ あきのななくさ（　　）
④ ちゅうしゅうのめいげつ（　　）

3 次の文は、あとの□の中の、どの言葉を説明していますか。（　）に記号を書きましょう。（7×2）

(1)（　）男子は三さいと五さい、女子は三さいと七さいになった年の十一月十五日に行う行事。神社にお参りして無事な成長をいのる。

(2)（　）紅葉（黄葉）した木の葉を見て楽しむこと。

㋐ お月見　㋑ もみじがり　㋒ 七五三

4 次の俳句《はいく》と短歌について答えましょう。

(1)

参道の長きはたのし七五三　山口《やまぐち》青邨《せいそん》

（令和六年度版　光村図書　こくご　四下　はばたき「秋の楽しみ」による）

① この俳句の季語を、ひらがな五文字で書きましょう。（10）

② 五七五のリズムで読めるように、俳句を／で区切りましょう。（10）

(2)

秋の野に咲《さ》きたる花を指《および》折り
かき数ふ《（う）》れば七種《ななくさ》の花　山上《やまのうえの》憶良《おくら》

（令和六年度版　光村図書　こくご　四下　はばたき「秋の楽しみ」による）

① この短歌の季語を、ひらがな五文字で書きましょう。（10）

② 五七五七七のリズムで読めるように、短歌を／で区切りましょう。（10）

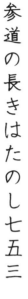

クラスみんなで決めるには

(1) 次の話し合いの文章を読んで、答えましょう。

岸　今日は、ちいきの学習でお世話になった坂さんたちへ、かんしゃの気持ちを伝えるために、お礼の会で何をするかを決めます。会は、一時間です。初めに、事前に案を考えてきている提《てい》案者の六人に、意見を出してもらいます。次に、どうやって決めるかを考え、その決め方にそって話し合います。
　それでは、竹内さんから、提案をおねがいします。

竹内　はい。ぼくは、かんしゃじょうをわたすのがよいと思います。そうすれば、ぼくたちの気持ちを、言葉にして伝えることができるからです。

小森　ぼくも、竹内さんと同じように、かんしゃじょうがいいと考えました。クラス全員でひと言ずつ書くとよいのではないでしょうか。

大木　わたしは、べつの案ですが、学校農園で作っているさつまいもを、いっしょに食べてはどうかと考えました。理由は、——。

（令和六年度版　光村図書　国語　四下　はばたき「クラスみんなで決めるには」による）

① この話し合いで、司会の役わりをしているのは、だれですか。(10)

（　　　）さん

② 司会は、どのように話し合いを進めようとしていますか。流れにそって、二つ書きましょう。(15×2)

1（　　　）

2（　　　）

名前

③ 竹内さんの意見にさんせいしている人は、だれですか。(10)

（　　　）さん

(2) 次の文章は、クラスみんなで話し合いを行うときの流れをまとめたものです。（　）にあてはまる言葉を［　］から選んで書きましょう。(5×4)

①（　　　）を決め、（　　　）と議題をたしかめる。

② 話し合いの（　　　）をする。

③ クラス全体で話し合う。

④ 話し合いの（　　　）について、気づいたことを伝え合う。

［しかた　目的　役わり　じゅんび］

(3) 話し合いの役わりには、主に次の三つがあります。それぞれの役わりの説明としてあてはまるものを下から選び、——線で結びましょう。(10×3)

① 司会グループ（司会・記録係・時間係）・　　・進行にそって、自分の立場や考えを発言する。

② 提《てい》案者・　　・多くの参加者が発言できるようにし、意見を整理しながら進行する。

③ 参加者・　　・議題について、自分の考えを提案する。

（令和六年度版　光村図書　国語　四下　はばたき「クラスみんなで決めるには」による）

未来につなぐ工芸品 (1)

わたしは、工芸品を未来の日本にのこしていきたいと考えています。それには、二つの理由があります。

一つ目の理由は、工芸品が、過《か》去、げんざいと続いてきた日本の文化やげいじゅつを、未来につないでくれることです。［あ］、奈良県に、「㋐奈良墨《ならすみ》」という工芸品があります。奈良墨は、千年以上も前から、文字や絵をかくための道具として使われてきました。木や紙にかかれた墨は、今も消えることなくのこっていて、当時の文化をわたしたちに伝えてくれています。［い］、げんざいも、書家や画家、墨で文字や絵をかくことを楽しむ人たちの中に、色合いが美しく、かきごこちのよい奈良墨を使っている人が多くいます。そうしてかかれたものは、㋑未来に、今を伝えてくれることでしょう。茶《さ》道で使う茶わん、落語家のせんす、祭りのときのちょうちんや和だいこなども同じです。㋒職人《しょくにん》が作るさまざまな工芸品があるからこそ、日本の文化やげいじゅつを未来にのこせるのです。

（令和六年度版　光村図書　国語　四下　はばたき　大牧《おおまき》　圭吾《けいご》）

名前

(1) あ、いにあてはまるつなぎ言葉を［　］から選んで書きましょう。（10×2）

あ（　　　）　い（　　　）

［しかし　そして　例えば］

(2) ㋐「奈良墨」について、答えましょう。（15×2）

① 奈良墨とは、何をするための道具ですか。

（　　　　）

② げんざいも、奈良墨を使っている人が多くいるのは、なぜですか。

（　　　　）

(3) ㋑未来に、今を伝えてくれることでしょう。とは、どんな意味ですか。正しいものに○をつけましょう。（15）

（　）未来の文化やげいじゅつを今、想像することができる。

（　）今の文化やげいじゅつを、未来の人が見ることができる。

（　）過去の文化やげいじゅつを、今の人や未来の人が見ることができる。

(4) 日本の文化やげいじゅつを未来につないでくれる工芸品は、奈良墨の他にどんなものがありますか。文中から四つ抜き出しましょう。（5×4）

（　　）（　　）（　　）（　　）

(5) ㋒職人が作るさまざまな工芸品は、どんな役わりを果たしていますか。（15）

（　　　　）

6 未来につなぐ工芸品 (2)

名前

二つ目の理由は、かんきょうを未来につないでくれることです。工芸品には、材料や作り方の面で、かんきょうへの負荷《か》が少ないというとくちょうがあります。また、長く使えるように作られているので、ごみをへらすことにもなります。岩手県の「㋐南《なん》部鉄器《ぶてっき》」を例に見てみましょう。ある工房《ぼう》では、火山岩のすなとねん土をまぜて型《かた》を作り、そこに木炭の火でとかした鉄を流しこんで（写真①）、鉄びんやふうりんなどを作ります。さびをふせぐために木炭で熱し（写真②）、仕上げにうるしをぬって色をつけるのですが、そのときに使うはけ（写真③）も、「クゴ」という植物でできています。

南部鉄器は、鉄、木炭、すな、ねん土、うるし、クゴなど、自然にある素《そ》材で、電気や化学薬品を使わなくても作ることができるのです。さびにくく、じょうぶなので、五十年、百年と使い続けることができます。材料や作り方、そして長く使えるという点で、㋑かんきょうにやさしいといえます。

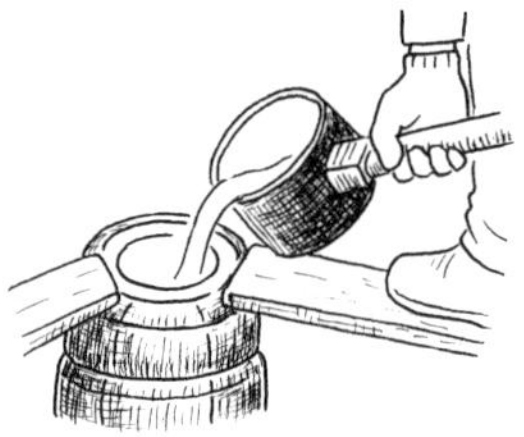
写真①

写真②

写真③

（令和六年度版　光村図書　国語　四下　はばたき　大牧《おおまき》　圭吾《けいご》）

□1 工芸品には、どんなとくちょうがありますか。二つ書きましょう。（10×2）

（　　）

（　　）

□2 ㋐「南部鉄器」について、答えましょう。

(1) 「南部鉄器」は、ある工房ではどのように作られていますか。作り方の順になるように、（　）に1〜4の番号を書きましょう。（5×4）

（　）木炭で鉄びんやふうりんなどを熱する。

（　）うるしをぬって色をつける。

（　）とかした鉄を流しこむ。

（　）型を作る。

(2) 「南部鉄器」は㋑かんきょうにやさしいことについて、答えましょう。

① 「南部鉄器」は、どんな点で、かんきょうにやさしいといっていますか。三つ書きましょう。（10×3）

② 「南部鉄器」のどんな材料が、かんきょうにやさしいのですか。（10）

（　　）

③ 「南部鉄器」のどんな作り方が、かんきょうにやさしいのですか。（10）

（　　）

④ 「南部鉄器」は、なぜ長く使えるのですか。（10）

（　　）

慣《かん》用句《く》 (1)

名前

(1) 次の慣用句の（　）には、動物の名前が入ります。[　] から選んで、慣用句を完成させましょう。（5×6）

① （　　）のなみだ

② （　　）の手もかりたい

③ （　　）の遠ぼえ

④ （　　）が合う

⑤ （　　）返し

⑥ へびににらまれた（　　）

馬　すずめ　犬　かえる　おうむ　ねこ

(2) 次の動物に関する慣用句の意味を [　] から選んで、記号を書きましょう。（5×4）

① 借りてきたねこ　□

② ふくろのねずみ　□

③ ねこのひたい　□

④ つるの一声　□

㋐ 追いつめられてどこにもにげる場所がないこと。

㋑ 多くの人をしたがわせる、力をもった人のひと言。

㋒ ふだんとちがっておとなしいこと。

㋓ たいへんせまい場所のこと。

(3) 次の慣用句の（　）には、体の部分の名前が入ります。[　] から選んで、慣用句を完成させましょう。（5×6）

① （　　）が広い

② （　　）をひねる

③ （　　）がぬける

④ （　　）をはさむ

⑤ （　　）が高い

⑥ （　　）にたこができる

耳　こし　鼻　顔　口　頭

(4) 次の①、②の体の部分に関する慣用句は、それぞれ□に同じ漢字が入ります。あてはまる漢字を［　］に書きましょう。（10×2）

① ［　　］

□が回る

□にあまる

□をうたがう

② ［　　］

□をやく

□につかない

□にあせをにぎる

慣《かん》用句《く》 (2)

名前

(1) ①~④の（　）に入る言葉を[　]から選んで、慣用句を完成させましょう。（6×4）

① （　　）を結ぶ

② （　　）二つ

③ （　　）がかかる

④ （　　）を入れる

うり　メス エンジン　実

(2) ①~④の（　）に入る慣用句を[　]から選んで書きましょう。（7×4）

① 冬休みはしっかり勉強しようと、（　　）。

② 姉が、親せきの子どもの（　　）。

③ ケンカした二人の（　　）。

④ 農作業は、（　　）仕事だ。

仲を取りもつ　えりを正す ほねがおれる　世話を焼く

(3) ①~④の（　）に入る慣用句を[　]から選んで書きましょう。（7×4）

① あの宝石が、（　　）ほどほしい。

② きれいな音色にじっと（　　）。

③ 山田さんとは気が合うので、（　　）。

④ 終わったことは、（　　）。

耳をかたむける　水に流す のどから手が出る　話がはずむ

(4) 次の慣用句の意味を下から選んで、——線でむすびましょう。（5×4）

① 心がおどる　・　　・ うわさやニュースを知るのが早い。

② 口がすべる　・　　・ うれしくてわくわくする。

③ 耳が早い　・　　・ じゃまをする。

④ 水をさす　・　　・ うっかり言ってしまう。

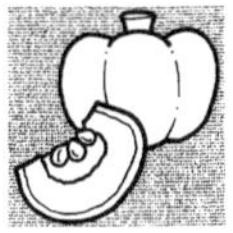

短歌・俳《はい》句《く》に親しもう（二）

名前

(1) 次の短歌とその解《かい》説を読んで答えましょう。

㋐ 晴れし空仰《あお》げばいつも口笛を
吹《ふ》きたくなりて吹きてあそびき
石川《いしかわ》　啄木《たくぼく》

（解説）晴れた空を見上げると、いつも口笛を吹きたくなって、それを吹いて遊んでいた。

㋑ 金色のちひ（い）さき鳥のかたちして
銀杏《いちょう》ちるなり夕日の岡に
与謝野《よさの》　晶子《あきこ》

（解説）金色にかがやく小さな鳥のような形をして、銀杏の葉がちっている。夕日の差す岡の上に。

㋒ ゆく秋の大和《やまと》の国の薬師寺《やくしじ》の
塔《とう》の上なる一《ひと》ひらの雲
佐佐木《ささき》　信綱《のぶつな》

（解説）秋も終わりのころの大和の国（今の奈良県）にある薬師寺。その塔を見上げると、すんだ空に一片《ぺん》の雲がうかんでいる。

（令和六年度版　光村図書　国語　四下　はばたき「短歌・俳句に親しもう（二）」による）

① 右の三つの短歌を、五・七・五・七・七のリズムになるように「／」線で区切りましょう。（5×3）

② ㋐の短歌について、何をすると口笛を吹きたくなるといっていますか。（解説）を読んで答えましょう。（10）

（　　　　　　　　　　　）

③ ㋑の短歌について、与謝野晶子は銀杏の葉を何のかたちにたとえていますか。短歌から抜き出しましょう。（10）

（　　　　　　　　）のかたち

④ ㋒の短歌は、「の」のくり返しがリズムを生んでいます。短歌の中の「の」の字を、○でかこみましょう。（5）

(2) 次の俳句を読んで答えましょう。

㋓ 柿《かき》くへ（え）ば鐘《かね》が鳴るなり法隆寺《ほうりゅうじ》
正岡《まさおか》　子規《しき》

㋔ 桐《きり》一《ひと》葉《は》日当たりながら落ちにけり
高浜《たかはま》　虚子《きょし》

㋕ 秋空に㋐つぶてのごとき一羽《わ》かな
杉田《すぎた》　久女《ひさじょ》

（令和六年度版　光村図書　国語　四下　はばたき「短歌・俳句に親しもう（二）」による）

① 右の三つの俳句を、五・七・五のリズムになるように「／」線で区切りましょう。（5×3）

② ㋓の俳句について、季語を書きましょう。また、季節は春・夏・秋・冬のうち、いつですか。（5×2）

季語（　　　　）　季節（　　　　）

③ ㋔の俳句について、桐の葉は何まい落ちたのですか。漢数字で書きましょう。（5）

（　　　　）まい

④ ㋕の俳句について、㋐つぶてのごときの意味は次のうちどれですか。正しい方に○をつけましょう。（6）

（　）羽をつぶされないように。
（　）すっと小石を投げたように。

⑤（　）にあてはまる漢字一文字を［　］から選んで書き、㋓～㋕の三つの俳句の解説を完成させましょう。（3×8）

㋓ 柿を（　）べていると、ちょうどそのとき、鐘の（　）がひびいてきた。ああ、法隆寺の鐘だ。

㋔ 桐の（　）が（　）まい、秋の（　）の光に照らされながら、落ちた。

㋕（　）の高い青空に、すっと小（　）を投げたようにただ一羽、（　）が飛んでいくなあ。

日　音　鳥　秋　食　一　石　葉

友情《じょう》のかべ新聞 (1)

今日、月曜日。㋐東君《ひがし》と西君《にし》は、中井先生にしかられている。学芸会のじゅんびで言い争ったあげく、そのはずみで花びんをわってしまったからだ。先週も、犬とねこのどっちがいいかで大さわぎしたばかりなので、いつも以上にしかられている。

われた花びんを前に、㋑顔をこわばらせて立っている二人。

あ「西君が当たって、花びんが落ちたんです。」

い「それは、東君がおしたからです。」

二人の言い分に、

「東君も西君も、相手のせいにばかりして、少しも反省していないな。」

と、きびしい顔をする先生。そして、ため息をついた。

「君たちは、本当に仲が悪いな。」

先生は、とても悲しそうだ。しばらく考えてから、指を一本のばした。

「放課後、東君と西君とで協力して、かべ新聞を作りなさい。これは、君たちが仲よくなるために、㋒先生が考えた作戦だ。」

う「ええっ。」

㋓不満げな声を上げる二人。そして、同時に言った。

え「協力なんて、無理です。」

おどろく先生。

「こういうときは、㋔気が合うんだね。」

（令和六年度版　光村図書　国語　四下　はばたき　はやみね　かおる）

名前

(1) ㋐東君と西君は、中井先生にしかられている。とありますが、なぜですか。(10)

（　　　）

(2) ㋑「顔をこわばらせて」とありますが、「顔をこわばらせる」とはどんな意味ですか。正しい方に○をつけましょう。(10)

（　）きんちょうして、表情がかたくなる。

（　）怖くて、思わず顔をそむける。

(3) あ〜えは、それぞれだれが言った言葉ですか。（　）に「東君」、「西君」、「二人」のどれかを書きましょう。(5×4)

あ（　　　）　い（　　　）

う（　　　）　え（　　　）

(4) ㋒先生が考えた作戦について、答えましょう。(10×2)

① どんな作戦ですか。

（　　　）

② 先生は、何のためにその作戦を考えたのですか。

（　　　）

(5) 二人は、どんな気持ちから㋓不満げな声を上げたのですか。(15)

（　　　）

(6) ㋔気が合うについて、答えましょう。(5×2)

① だれとだれの気が合うのですか。

（　　　）と（　　　）

② 先生は、なぜ気が合うと言ったのですか。(15)

（　　　）

友情《じょう》のかべ新聞　(2)

「あの二人が、協力ねえ。」

「無理だよ。」

「ぜったい、けんかするね。」

みんな、そんなうわさをした。

なのに、火曜日の朝、教室に入ったぼくらは、㋐びっくりした。真新しい紙に書かれたかべ新聞のどうどうとしたすがたが、目に飛びこんできたからだ。

教室の後ろのけいじ板。表面には、緑のシートがはられている。向かって右の方には、ほけん室や図書館からの通信などがはってある。そして、左の方は、これまで何もはられていなかった。

㋑そこに今、上の方が青い油性《せい》ペンでふち取られた、大きなかべ新聞がはってある。

新聞の右側には「海外でかつやくするサッカー選手」「気をつけたい　ねこの病気」、左側には「読書感想文を書きやすい本」「おすすめ　犬のさんぽコース」――そんな記事が書かれたかべ新聞を前に、みんなは何も言えなかった。

そして、同じことを思った。

「㋒どうして――。」

でも、中井先生はちがった。東《ひがし》君と西《にし》君を前にして、㋓とくい顔だ。

「先生の作戦どおりだ。仲よく作業すると、気持ちいいだろ。」

二人は、顔を見合わせてから、うつむく。

㋔みんなの意見は、真っ二つに分かれた。

「㋕これをきっかけに、仲よくなるんじゃないかな。」

「いや、そんなにかんたんなものじゃないだろう。」

学級会よりしんけんな話し合いの末、仲よくするのは無理だというけつろんでまとまった。


（令和六年度版　光村図書　国語　四下　はばたき　はやみね　かおる）

名前

(1) ㋐びっくりした。とありますが、なぜですか。(15)

(2) ㋑そこについて、答えましょう。(10×2)
① そことは、どこを指していますか。
② そこには、今、何がはってありますか。

(3) 「㋒どうして――。」について、答えましょう。
① だれが思った言葉ですか。正しいものに○をつけましょう。(10)
（　）「ぼく」が思った言葉。

（　）みんなが思った言葉。

（　）先生が思った言葉。
② 「――」の部分には、どんな言葉が入ると思いますか。あなたの考えを書きましょう。(15)

(4) ㋓とくい顔とは、どんな顔ですか。正しい方に○をつけましょう。(10)
（　）不満そうな顔
（　）満足そうな顔

(5) ㋔みんなの意見は、どんなけつろんでまとまりましたか。(15)

(6) ㋕これとは、どんなことですか。(15)

友情《じょう》のかべ新聞 (3)

㋐ここからは、ぼくのすいりだ。

記事を書き終わり、青が好きな東《ひがし》君が、青い油性《せい》ペンで新聞をふち取ろうとする。それを、赤が好きな西《にし》君がいやがって、止めようとする。

もみ合う二人。手に持っていた油性ペンがけいじ板に当たって、シートにインクが付く。インクは、ぞうきんでふくだけでは落ちない。

最近の二人はしかられ続けている。それなのに、けいじ板をよごしたのが知られたら、またどれだけしかられることか。

「正直にあやまろう。」

どちらかがそう言っても、㋑相手はさんせいしない。相手の意見に反対するのが、くせになっているからだ。

どっちが悪いか言い争っているとき、見回りの先生の足音が聞こえたりしたら――。

二人は、とっさにかべ新聞で㋒よごれをかくしてしまった。あせっていたから、はんの少しだけ、新聞のはしからインクが見えてしまっていることに気づかなかった。

そして、よごれをかくした二人には、㋓新しく心配なことができた。

相手が、先生に言ってしまうのではないかと思ったのだ。それも、「自分は悪くありません。全部、相手が悪いんです。」というように。

[あ]、おたがいから目をはなせなくなり、いつもいっしょにいるようになった。

その間、二人は油性ペンをさわりたくなかった。[い]、後ろめたさでしょくよくがなくなり、プリンを取り合わなかった。

その後――。

いっしょにいるうちに、相手がどんなやつか分かってきた。㋔不思議なことに、二人でいるのが楽しくなってきた。無理に仲よくなろうとしたんじゃない。相手のことを知るうちに、「なんだ、そんなにいやなやつじゃないじゃないか。」㋕そう思えてきたのだ。

そして、それで十分だった。

（令和六年度版　光村図書　国語　四下　はばたき　はやみね　かおる）

名前

(1) ㋐ここからはとありますが、ぼくのすいりはどこからどこまでですか。文中から、初めと終わりの五文字を書きましょう。 (15)

[　　　　　] ～ [　　　　　] 。

(2) ㋑相手はさんせいしない。とありますが、なぜですか。 (10)

（　　　　　）

(3) ㋒よごれは、どこに付いていますか。 (10)

（　　　　　）

(4) ㋓新しく心配なこととは、どんなことですか。 (15)

（　　　　　）

(5) あ、いに入るつなぎ言葉を[　]から選んで書きましょう。 (10×2)

あ（　　　　）　い（　　　　）

だから　けれども　また

(6) ㋔不思議なこととは、どんなことですか。 (15)

（　　　　　）

(7) ㋕そうとは、何を指していますか。文中から抜き出しましょう。 (15)

（　　　　　）

もしものときにそなえよう

名前

1 次の竹内さんの文章を読んで、答えましょう。

● 竹内さんの文章

あ じしんへのそなえで大切なことは、自分や家族にとって必要な物を用意することだと考える。

い ア、ぼくの妹は、生後八か月だ。当然、ぼくたちとは必要な物がちがう。「災害にそなえよう」という本の「赤ちゃんに必要な物リスト」を見ると、飲みなれている種類のミルクやほにゅうびん、紙おむつなどを用意しておくとよいことが分かった。

ぼくの家には犬もいる。市の資料によると、東中学校が、けがをした動物のちりょうもするひなん所になるようだ。同じ資料には、「ふだんからほえないようにしつけ、キャリーバッグや食事を用意しておく」とあった。

う このように、必要なそなえは、人によってちがう。みなさんも、自分や家族には何が必要かを考え、そなえを見直してはどうだろう。

（令和六年度版 光村図書 国語 四下 はばたき「もしものときにそなえよう」による）

(1) あ〜うの部分は、それぞれどんな役わりがありますか。あてはまるものを——線で結びましょう。（5×3）

あ・　　・自分の考え／みんなへのよびかけ

い・　　・理由や例

う・　　・自分の考え

(2) アにあてはまるつなぎ言葉を一つ選んで、○をつけましょう。（5）

（　）なぜなら　（　）ところが　（　）例えば

(3) じしんへのそなえについて、竹内さんは次の①、②のために用意しておくもの・ことの例を挙げています。どんな例ですか。それぞれ書きましょう。（5×6）

① 生後八か月の妹のため

（　　）（　　）

（　　）

② 家でかっている犬のため

（　　）（　　）

（　　）

2 次の文章は、テーマにそって調べて分かったことと、自分の考えたことを伝える文章を書くときの流れをまとめたものです。（　）にあてはまる言葉を□から選んで書きましょう。（10×5）

① （　　）を決めて調べ、整理する。

② 文章の（　　）をたしかめる。

③ （　　）や例を挙げて、（　　）を伝える文章を書く。

④ 書いた文章を読み返す。

⑤ 文章を読んで、（　　）を伝え合う。

組み立て　感想　理由　テーマ　考え

（令和六年度版 光村図書 国語 四下 はばたき「もしものときにそなえよう」による）

季節の言葉4
冬の楽しみ

名前

1 次の十二月〜二月のべつの言い方を下から選び、——線でむすびましょう。（6×3）

① 十二月 ・　　・ 如月《きさらぎ》

② 一月 ・　　・ 師走《しわす》

③ 二月 ・　　・ 睦月《むつき》

2 ——の部分を漢字にして、次の言葉を（　）に書きましょう。（7×4）

① はつゆめ（初ゆめ）

② しんしゅん（　　）

③ せつぶん（　　）

④ ふくはうち（　　）

3 次の文は、あとの□の中の、どの言葉をせつ明していますか。（　）に記号を書きましょう。（7×2）

(1)（　）十二月二十二日ごろ。一年の中で最も昼の時間が短い日。

(2)（　）十二月十三日。正月に向けてのじゅんびを始める日。

㋐ 正月事始め　㋑ 夏至《し》　㋒ 冬至《じ》

4 次の□には、それぞれ、「春の七草」と、「秋の七草」が書かれています。あてはまるように、上と下を——線で結びましょう。（10×2）

(1) 春の七草 ・　　・ はぎ　くず　おみなえし　すすき　ききょう　なでしこ　ふじばかま

(2) 秋の七草 ・　　・ せり　なずな　ごぎょう　はこべら　ほとけのざ　すずな　すずしろ

5 次の俳句《はいく》について答えましょう。

(1)

使は《（わ）》ざる部屋も灯《とも》して豆を撒《ま》く　馬場《ばば》 移公子《いくこ》

（令和六年度版　光村図書　こくご　四下　はばたき「冬の楽しみ」による）

① この俳句の季語を、ひらがな五文字で書きましょう。（10）

② 五七五のリズムで読めるように、俳句を／で区切りましょう。（10）

自分だけの詩集を作ろう

名前

まんげつ

みずかみ　かずよ

でっかいつきだ
セメントこうばの　えんとつおして
のん　のん　のん　のん
ぼくのかたにのっかりそうだ

(令和六年度版　光村図書　国語　四下　はばたき　みずかみ　かずよ)

月

こやま　峰子《みねこ》

雲のうんだ　たまご

(令和六年度版　光村図書　国語　四下　はばたき　こやま　峰子)

上弦《じょうげん》の月

堀《ほっ》田《た》　美《み》幸《ゆき》

㋐すっかり明けきった
青空に
㋑うすく浮《う》かんだ
半分だけのお月さま
もう半分を
さがしてる

(令和六年度版　光村図書　国語　四下　はばたき　堀田　美幸)

1 「まんげつ」を読んで、答えましょう。(15×2)

(1) でっかいつきにおされているのは、何ですか。

セメントこうばの（　　　　）

(2) でっかいつきは、どこにのっかりそうですか。

（　　　　）

2 「月」を読んで、答えましょう。(15×2)

(1) この詩の中の「たまご」は、何を表していますか。漢字一文字で書きましょう。

［　　］

(2) この詩の月は、どんな月ですか。正しいものに○をつけましょう。

（　）三日月
（　）半月
（　）満月

3 「上弦の月」を読んで、答えましょう。

(1) ㋐すっかり明けきったとは、どんな空を表していますか。正しい方に○をつけましょう。(15)

（　）夜が明けてまだうす暗い空
（　）夜が明けて明るくなった空

(2) ㋑うすく浮かんだとありますが、どのような様子の月を表していますか。正しい方に○をつけましょう。(15)

（　）白っぽい月
（　）黄色くかがやいている月

(3) 上弦の月は、どんな形の月ですか。正しいもの一つに○をつけましょう。(10)

（　）
（　）
（　）

熟《じゅく》語の意味 (1)

名前

(1) 次の熟語を、〈例〉のように漢字の訓を手がかりにして、意味がわかるように書き直しましょう。（4×8）

〈例〉等分 → （等しく分ける）

① 日光 → （　）

② 木刀 → （　）

③ 人力 → （　）

④ 深海 → （　）

⑤ 流星 → （　）

⑥ 多数 → （　）

⑦ 改良 → （　）

⑧ 見学 → （　）

(2) 〈例〉のように、次の意味をもつ熟語を書きましょう。（4×6）

〈例〉白い紙 → （白紙）

① 竹の林 → （　）

② 親しい友 → （　）

③ 同じ時 → （　）

④ 水の災害 → （　）

⑤ 伝えて言う → （　）

⑥ 前に進む → （　）

(3) 次の漢字の組み合わせ方でできた熟語を、それぞれ□から選んで書きましょう。（4×8）

① にた意味をもつ漢字の組み合わせ（　）（　）

② 反対の意味をもつ漢字の組み合わせ（　）（　）

③ 上の漢字が、下の漢字を修飾《しゅうしょく》する関係にある組み合わせ（　）（　）

④ 「――を」「――に」に当たる意味の漢字が下に来る組み合わせ（　）（　）

勝敗	帰国	加入	高低
海底	周辺	読書	外国

(4) 〈例〉のように、漢字の組み合わせを手がかりにして、次の熟語の意味が分かるように、□に言葉を書きましょう。（3×4）

〈例1〉願望　［願い］・［望み］

〈例2〉老木　［老いた木］

① 売買　□・□

② 消失　□・□

③ 着陸　□

④ 最多　□

熟《じゅく》語の意味 (2)

名前

(1) 〈例〉のように、上と下の□から漢字を一つずつ選び、にた意味をもつ漢字を組み合わせて作った熟語を、（　）に書きましょう。また、その熟語の漢字それぞれの意味を□に書きましょう。（6×3）

思（例で使用）	運	
救	同	
助	送	
等	考（例で使用）	

〈例〉（思考）　思う・考える

①（　　）　□・□

②（　　）　□・□

③（　　）　□・□

(2) 〈例〉のように、上と下の□から漢字を一つずつ選び、反対の意味をもつ漢字を組み合わせて作った熟語を（　）に書きましょう。また、その熟語の漢字それぞれの意味を□に書きましょう。（6×3）

明（例で使用）	軽
苦	強
重	楽
暗（例で使用）	弱

〈例〉（明暗）　明るい・暗い

①（　　）　□・□

②（　　）　□・□

③（　　）　□・□

(3) 〈例〉のように、上の漢字が、下の漢字を修飾《しゅうしょく》する関係にある熟語を作ります。□から選んで、□に当てはまる漢字を書きましょう。また、その熟語の意味を（　）に書きましょう。（8×4）

〈例〉右［折］（右に折れる）

① 前□（　　）

② 楽□（　　）

③ 外□（　　）

④ 水□（　　）

勝　進　流　折（例で使用）　国

(4) 〈例〉のように、「――を」「――に」に当たる意味の漢字が下に来る熟語を作ります。□から選んで、□に当てはまる漢字を書きましょう。また、その熟語の意味を（　）に書きましょう。（8×4）

〈例〉［消］火（火を消す）

① □山（　　）

② □書（　　）

③ □文（　　）

④ □票（　　）

登　消（例で使用）　開　読　作

風船でうちゅうへ (1)

　子どものころから、いつか、うちゅうへ行くものを、何か、自分で作りたいと考えていました。しかし、大学でうちゅうについて勉強すると、㋐それには、大がかりなそうちや、たくさんの人、さらには、多くのお金が必要だと分かり、とても自分にはできそうにないとあきらめかけていました。

　Ⓐ　、二〇一一年八月、大学生活最後の夏休みに、「アメリカの大学生が、自作そうちで、うちゅうと地球をさつえいした」というニュースを目にしました。記事には、自分で作ったそうちとカメラを風船につるして、うちゅうをさつえいしたということが書かれていました。㋑「これなら、自分でもできるかもしれない。」そんな思いから、わたしのちょうせんは始まりました。

　二か月後の十月、㋒一号機が完成しました。カメラをはっぽうスチロールでおおったそうちに、二十五個《こ》の風船を付けたものです。うちゅうをさつえいするための最初の実験として、百メートルほどの高さまで飛ばしてみることにしました。カメラは、小さくて軽い、動画がとれるものにし、一号機がどこかへ行ってしまわないように、ひもを付けて、地上とつなぐことにしました。

　通っていた北海道大学の、広い農地から打ち上げた一号機は、百メートルほどの高さまでふんわりと上がり、空にただよいました。しかし、回収《しゅう》したカメラにうつっていたのは、ぐわんぐわんとゆれたえいぞうで、㋓ポコポコという音も聞こえました。わたしは、風船どうしがぶつかり、そのゆれが、カメラに伝わってしまったのではないかと考えました。物事には、やってみて初めて分かることがあります。㋔一号機の失敗は、次に進むためのヒントをくれました。


（令和六年度版　光村図書　国語　四下　はばたき　岩谷《いわや》　圭介《けいすけ》）

名前

(1) ㋐それとは、何を指していますか。⑮

（　　　　）

(2) Ⓐに入るつなぎ言葉として正しいものに、○をつけましょう。⑩

（　）だから
（　）ところが
（　）つまり

(3) ㋑これとは、何を指していますか。⑮

（　　　　）

(4) ㋒一号機の説明として、正しいものには○、まちがっているものには×を（　）につけましょう。(10×4)

（　）カメラは、はっぽうスチロールでおおわれている。

（　）風船が二十個付いている。

（　）カメラは、大きくて軽い、動画がとれるものである。

（　）ひもを付けて、地上とつなぐ。

(5) ㋓ポコポコという音を、筆者はどんな音であると考えましたか。⑩

（　　　　）がぶつかり、そのゆれが、（　　　　）に伝わった音。

(6) ㋔一号機の失敗は、筆者に何をくれましたか。⑩

（　　　　）

風船でうちゅうへ (2)

さて、ここまではひもを付けて実験しましたが、これでは、うちゅうがさつえいできるほど高くは飛べません。㋐四号機からは、ひもなしで飛ばすことにしました。

三号機までの実験で、風船は一個《こ》がよいと分かったので、できるだけ大きい風船をさがしました。しかし、うちゅうがさつえいできる高さまで、一個で上がるほど大きいものは、なかなか見つかりません。ゆれの問題があるのは分かっていましたが、高く上げることを第一に考え、㋑風船を三つ使うことにしました。

また、カメラの入ったそうちの周りや上部に小さな風船をたくさん付け、落ちてくるときの安全性《せい》を高めました（図④）。そして、予想しない飛行も追えるように、地球上での位置を調べるGPS《ジーピーエス》端《たん》末も付けました。

こうしてできた四号機は、初めはほぼ予想どおりに飛びましたが、とちゅうから想定外の方向に飛んでいき、最終的には、太平洋沖合いに落ちてしまいました。GPS端末もこわれ、四号機がどこにあるのかも分かりません。自分には無理なちょうせんだったのかもしれないと、暗い気持ちになりました。

しかし、十日後、四号機が見つかります。念のため、そうちにれんらく先を書いておいたことが役立ちました。運よく岸に流れ着いたそうちを拾ってくれた方が、れんらくをくれたのです。わたしは、㋒「もう少しがんばってみたらいいんじゃないか。」と言われたような気がしました。

図④

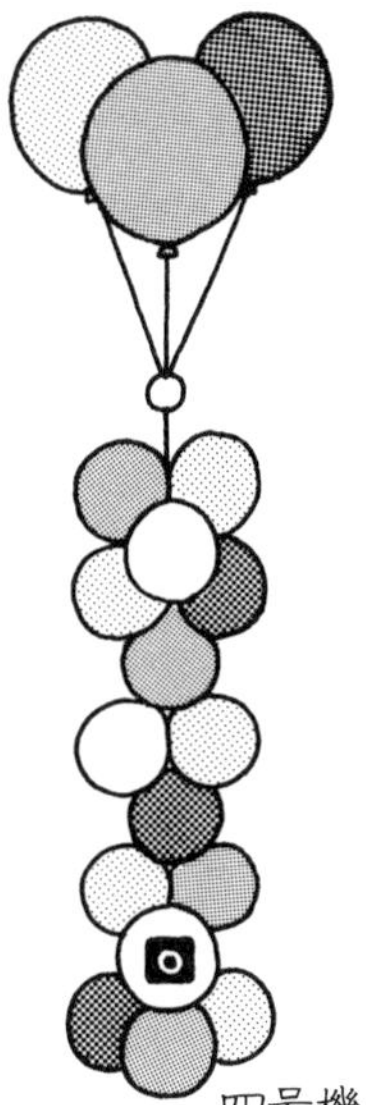

四号機

（令和六年度版　光村図書　国語　四下　はばたき　岩谷《いわや》　圭介《けいすけ》）

名前

(1) ㋐四号機からの実験と、三号機までの実験では、何がちがいますか。(10)

(2) ㋑風船を三つ使うとありますが、なぜ一個にしなかったのですか。(10)

(3) 四号機の説明として、正しいものには○、まちがっているものには×をつけましょう。(10×3)

（　）できるだけ大きい風船を一個使った。

（　）落ちてくるときの安全性を高めるために、そうちの下部に小さな風船をたくさん付けた。

（　）予想しない飛行も追えるように、GPS端末を付けた。

(4) 四号機はどのように飛んで、どこに落ちましたか。（　）に1～4の順番を書きましょう。(10×4)

（　）想定外の方向に飛んでいった。

（　）岸に流れ着いた。

（　）太平洋沖合いに落ちた。

（　）ほぼ予想どおりに飛んだ。

(5) 「わたし」が、㋒「もう少しがんばってみたらいいんじゃないか。」と言われた気がしたのはなぜですか。(10)

風船でうちゅうへ (3)（全文読解《どっかい》）

教科書

「風船でうちゅうへ」を読んで、答えましょう。

(1) わたしのちょうせんが始まるきっかけとなった出来事は何ですか。(10)

（　　　　　　　　　　　　　　　　）

(2) 一号機から四号機までの説明としてあてはまるものをそれぞれ選び、（　）に一～四の番号を書きましょう。(5×4)

（　）ひもの結び方を改良し、風の弱い日に打ち上げた。

（　）少し大きな風船を一個《こ》だけ付けた。

（　）風船を三つ使い、カメラの入ったそうちの周りや上部に小さな風船をたくさん付け、GPS《ジーピーエス》端《たん》末も付け、ひもなしで飛ばした。

（　）カメラをはっぽうスチロールでおおったそうちに、二十五個の風船を付けた。

(3) 四号機の実験について、次の問いに答えましょう。

① 四号機の実験は、どんな失敗をしましたか。(10)具体的に書きましょう。（　　　　　　　　　　　　　　　　）

② 筆者が四号機の実験から分かったことを二つ書きましょう。(10×2)

（　　　　　　　　　　　　　　　　）

（　　　　　　　　　　　　　　　　）

(4) 一つのとても大きな風船を使うとよいとありますが、筆者がこのけつろんにたどり着いた理由は何ですか。正しい方に○をつけましょう。(10)

（　）風船を複数使うと、風船どうしがぶつかり、そのゆれでえいぞうがぶれるから。

（　）風船の数が多いほど、上がる速度がおそくなってしまうから。

(5) 筆者がはじめてうちゅうのあざやかな景色をたくさんさつえいできたのは、何号機ですか。(5)

（　　　　　　　　）

(6) 全体の文章について、正しいものには○、まちがっているものには×をつけましょう。(5×5)

（　）地上とつなぐひもを付けることで、えいぞうのぶれをふせぐことができる。

（　）そうちの周りや上部に小さな風船をたくさん付けることで、落ちてくるときの安全性《せい》が高まる。

（　）風船が多いほうが速く上がる。

（　）えいぞうのぶれをふせぐため、風船は必ず一個にする必要がある。

（　）そうちにGPS端末を付けても、こわれてしまうことがある。

名前

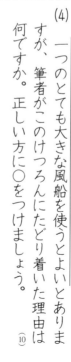

つながりに気をつけよう (1)

名前

(1) 〈例〉のように、次の文の主語と述語《じゅつ》が正しく対おうするように、――線の言葉を書き直しましょう。(8×8)

〈例〉 わたしのしゅみは、本を読みます。　（読むことです）

① わたしの夢は、先生になります。（　　　）

② ぼくの目標は、試合でシュートを決めます。（　　　）

③ この遠足の目的は、クラスみんなが仲よくなります。（　　　）

④ 学校のルールは、ろう下を走りません。（　　　）

⑤ 冬休みの思い出は、家族でスキーに行きました。（　　　）

⑥ 夏祭りで楽しかったことは、きれいな花火を見ました。（　　　）

⑦ 運動会で心に残ったことは、みんなで力を合わせてつな引きをしました。（　　　）

⑧ ダンス発表会の失敗の原いんは、練習をあまりしませんでした。（　　　）

(2) 次の文は、それぞれ二通りの意味にとることができます。〈例〉のように、文が㋐、㋑の意味になるように、【　】内の方法で書き直しましょう。(9×4)

〈例〉 姉は必死でにげる犬を追いかけた。

㋐ 「必死」なのが「犬」のとき【読点を一か所に打つ】

（姉は、必死でにげる犬を追いかけた。）

㋑ 「必死」なのが「姉」のとき【言葉の順序《じょ》を入れかえ、読点を一か所に打って書き直す】

（姉は、にげる犬を必死で追いかけた。）

① 母はごはんを食べながらゲームをしている弟をしかった。

㋐ ごはんを食べているのが「母」のとき【読点を一か所に打つ】

（　　　）

㋑ ごはんを食べているのが「弟」のとき【読点を一か所に打つ】

（　　　）

② わたしは兄と妹をむかえに行った。

㋐ わたし一人が、「兄と妹」の二人をむかえに行ったとき【読点を一か所に打つ】

（　　　）

㋑ わたしと兄と二人で、「妹」一人をむかえに行ったとき【言葉の順序を入れかえ、読点を一か所に打って書き直す】

（　　　）

つながりに気をつけよう (2)

名前

(1) 次の（　）に合うつなぎ言葉を［　］から選んで書きましょう。（8×3）

① おなかがすいた。
（　　　　）、おにぎりを食べる。

② 服を買いに行った。
（　　　　）、気に入ったものは見つからなかった。

③ 犬が好きですか。
（　　　　）、ねこが好きですか。

［ それとも　けれども　だから ］

(2) 次の一文は長すぎるため、文を三つに分けます。（　）に合うつなぎ言葉を［　］から選んで書きましょう。（8×4）

①

> 夕食は、大好物のハンバーグだったので、わたしはハンバーグを食べすぎて、おなかがいっぱいになったが、その後プリンも食べた。

夕食は、大好物のハンバーグだった。
（　　　　）、わたしはハンバーグを食べすぎて、おなかがいっぱいになった。
（　　　　）、その後プリンも食べた。

［ つまり　でも　だから　すると ］

②

> わたしは、星を見ることが好きで、読書も好きなので、星に関係する本を読むことが多い。

わたしは、星を見ることが好きだ。
（　　　　）、読書も好きだ。
（　　　　）、星に関係する本を読むことが多い。

［ でも　それに　例えば　それで ］

(3) 次の文章を、分かりやすくなるように、つなぎ言葉を使い、三つの文に分けて書き直しましょう。（14）

> 今朝、雨がふっていたし、かみなりも鳴っていたのに、かさを持って行かなかった。

（　　　　　　　　）

(4) 〈例〉のように、次の文章を、一文でまとめて書き直しましょう。（10×3）

〈例〉わたしは、朝六時に起きた。
わたしは、顔をあらった。
わたしは、朝食を食べた。

わたしは、朝六時に起きて、顔をあらい、朝食を食べた。

① つばめが、巣を作った。
つばめが、たまごを産んだ。
（　　　　　　　　）

② ぼくは、毎日練習をした。
ぼくは、試合に負けてしまった。
（　　　　　　　　）

③ わたしは、いすにすわった。
わたしは、ノートを開いた。
わたしは、ペンをにぎった。
（　　　　　　　　）

スワンレイクのほとりで (1)

名前

地球儀《ぎ》をぐるりと回したら、日本の反対側にあるアメリカの東海岸。

夏休みに、ニューヨーク州の北の方にある小さな村へ、お父さんと二人で遊びに行った。七月の終わりから八月の初めにかけて、お父さんの妹の真琴《まこと》さんと、夫のジョージさんのくらしている家に、とめてもらった。

㋐二人の家は、森にかこまれた湖のそばにあった。

どの部屋のまどからも、㋑青い青い湖が見えた。

湖の名前は、スワンレイク。意味は、白鳥の湖。

アメリカに着いてからは毎日、おどろきと発見の連続だった。㋒いちばんおどろいたのは、アメリカには、いろんな人が住んでいるということ。

お父さんといっしょに、スーパーマーケットへ買い物に行ったとき、お店の中には、本当にいろんな人たちがいた。はだの色も、かみの色も、目の色も、㋓人それぞれにちがう。英語ではない言葉を話している人たちもいた。

日本のスーパーマーケットでも、ときどき、外国から来た人を見かけるけれど、アメリカでは、わたしとお父さんが外国人。だけど、㋔わたしたちを外国人だと思っている人は、いないのかもしれない。散歩をしているわたしたちに、道をたずねてくる人もいたから。

「アメリカは、㋕移民《い》がつくりあげた国だからね。いろんな人種の人たちみんなが同じ、アメリカ人なのよ。」

と、真琴さんは教えてくれた。

（令和六年度版　光村図書　国語　四下　はばたき　小手鞠《こでまり》　るい）

(1) ㋐二人の家とありますが、「二人」とはだれとだれのことですか。名前を書きましょう。(10×2)

（　　　　）さんと（　　　　）さん

(2) ㋑青い青い湖について、答えましょう。(10×2)

① 湖の名前を書きましょう。

（　　　　）

② 湖の名前の意味は、何ですか。文中から四文字で抜き出しましょう。

□□□□

(3) 「わたし」がアメリカに着いてから㋒いちばんおどろいたのは、どんなことですか。(15)

（　　　　）

(4) ㋓人それぞれにちがう。とありますが、どんなところがちがうのですか。文中から四つ抜き出しましょう。(5×4)

（　　　　）（　　　　）（　　　　）（　　　　）

(5) ㋔わたしたちを外国人だと思っている人は、いないのかもしれない。とありますが、なぜ「わたし」はこのように思うのですか。(15)

（　　　　）

(6) ㋕移民とは、どんな意味ですか。正しい方に○をつけましょう。(10)

（　）古くからこの地に住む人

（　）外国に移り住んだ人

スワンレイクのほとりで (2)

名前

そんなある日、真琴《まこと》さんが言った。

「歌《うた》ちゃん、あした、おとなりのおうちのご家族をしょうたいして、みんなでバーベキューパーティーをすることにしたの。歌ちゃんと同じくらいの年の子も来るから、楽しみにしていてね。名前は、グレンっていうの。友達になれたらいいね。」

グレンは男の子で、お父さんの祖《そ》先は中国《ちゅうごく》から、お母さんの祖先はアイルランドから、アメリカにやって来たという。

友達になれたらいいな。なりたいな。でも、なれるかな。

まどの外を見ると、それまでは真っ青だった湖に、黒っぽい雲のかげがうつっていた。昼すぎから、雨がふり始めた。けれど、夜になる前に、ぴたりとやんだ。

翌《よく》朝は、快《かい》晴になった。目が覚めてからずっと、どきどきしたり、そわそわしたりして、㋐落ち着かない気分だった。

朝ご飯のあと、ジョージさんにさそわれて、いっしょにパンを作った。キッチンに、パンの焼きあがる香りがもわあっと広がり始めたころ、グレンたちがやって来た。

グレンは、車いすに乗っていた。黄色いきょうりゅうがプリントされた、青いTシャツを着ている。

勇気を出して、わたしから声をかけてみた。かんたんなあいさつの言葉なら、言える。前のばん、お父さんから教えてもらって、一生けんめい練習していたから。

(あ)――こんにちは、グレン。わたしの名前は、歌です。わたしはあなたに会えて、とてもうれしいです。

グレンは、わたしの顔を見つめたまま、だまっている。

あれっ、わたしの英語、通じなかったのかな。もう一度、最初から言い直したほうがいいのかな。

言い直そうとしたそのとき、グレンがにっこり笑った。

（令和六年度版　光村図書　国語　四下　はばたき　小手鞠《こでまり》　るい）

(1) グレンについて、正しいものには○、まちがっているものには×を（　）に書きましょう。（6×5）

（　）おとなりのおうちの家族の一人。

（　）真琴さんの弟。

（　）「わたし」と同じくらいの年の子。

（　）車いすに乗っている。

（　）黄色いTシャツを着ている。

(2) グレンのお父さんとお母さんについて、（　）にあてはまる国名を書きましょう。（5×3）

お父さんの祖先は（　　　）から、

お母さんの祖先は（　　　）から、

（　　　）にやって来た。

(3) なぜ、「わたし」は㋐落ち着かない気分だったのですか。あなたの考えを書きましょう。（15）

（　　　　　　　　）

(4) 「わたし」がグレンに言ったあいさつの言葉を、文中から最初と最後の五文字で抜き出しましょう。（句読点も一文字にふくみます。）（10）

□□□□□～□□□□□

(5) (あ)の言葉について、答えましょう。

① 「わたし」は、(あ)の言葉を日本語と英語のどちらで言いましたか。（10）

（　　　　　　）

② 「わたし」が(あ)の言葉を言った後、グレンはどんな反応をしましたか。二つ書きましょう。（10×2）

（　　　　　　）

（　　　　　　）

スワンレイクのほとりで (3)

野菜畑をひと回りしたあと、湖のほとりにならんで、㋐湖面のすいれんをながめた。白とピンクの花も、緑の葉っぱも、きらきら、かがやいている。

ふいに、グレンがこう言った。

(あ)——ウタ、君の名前には、どんな意味があるの。

わたしは答えた。㋑むねをはって。

(い)——「歌《うた》」は「ソング」だよ。

すると、グレンはこう言ったのだった。まぶしそうに、目を細めて。

(う)——なんて美しい名前なんだろう。

㋒美しい名前、と言われて、むねがくすぐったくなった。急に自分の名前が好きになった。

向こう岸から空に向かって、白鳥が二羽《わ》、仲よくよりそって、飛び立っていくのが見えた。わたしは、白い鳥たちを指さしながら、言った。

(え)——あれは、白鳥。英語では、スワン、だよね。

グレンは、目の前の湖を指さしながら、言った。

(お)——これは、スワンレイク。㋓鳥たちは今、空を泳いでいるけど。

二人、顔を見合わせて、笑った。

㋔
すずしい夏の風がふいてきて、辺りの草をゆらした。さわさわ、さやさや、さわさわ、さやさや、草と風がやさしく話しかけてくる。見つめていると、まぶたまで青くそまってしまいそうな湖に、細かい波が立っていた。まるで、わたしたちといっしょに、笑っていているかのように——。

（令和六年度版　光村図書　国語　四下　はばたき　小手鞠《こでまり》　るい）

名前

(1) (あ)〜(お)は、だれの言葉ですか。（　）に名前を書きましょう。(5×5)

(あ)（　　） (い)（　　） (う)（　　） (え)（　　） (お)（　　）

(2) ㋐湖面のすいれんは、どんな様子ですか。（　）にあてはまる言葉を書きましょう。(5×3)

白と（　　）の花や、緑の（　　）が、（　　）とかがやいている。

(3) ㋑むねをはって。とありますが、「むねをはる」とはどんな意味ですか。正しい方に○をつけましょう。(10)

（　）きんちょうした様子

（　）自信がある様子

(4) グレンに㋒美しい名前と言われた「わたし」は、どうなりましたか。二つ書きましょう。(10×2)

（　　）

（　　）

(5) ㋓鳥たちは今、空を泳いでいるとありますが、これは白鳥のどんな様子を表していますか。正しい方に○をつけましょう。(10)

（　）白鳥が二羽、空を飛んでいる。

（　）白鳥が二羽、空に向かって飛び立とうとしている。

(6) ㋔の部分では、人ではないものをまるで人のように表しています。次の①、②の様子は、それぞれどのように表されていますか。(10×2)

① 風がふいてきて、辺りの草をゆらしている様子

（　　）

② 湖に細かい波が立っている様子

（　　）

スワンレイクのほとりで (4)（全文読解《どっかい》）

名前

教科書

「スワンレイクのほとりで」を読んで、答えましょう。

(1) 「わたし」がしたことについて、次の文の（　）に1～6の順番を書きましょう。（4×6）

（　）グレンにかんたんなあいさつの言葉を言った。

（　）つくえの上に、げんこう用紙を広げて、えんぴつをにぎった。

（　）グレンとあくしゅをした。

（　）ジョージさんと、いっしょにパンを作った。

（　）グレンに自分の名前の意味を教えた。

（　）グレンと二人で、野菜畑へ行った。

(2) （　）にあてはまる登場人物の名前を、[　]から選んで書きましょう。（4×4）

わたしは、（　）とアメリカへ行ったとき、お父さんの妹の（　）さんと夫の（　）さんの家にとめてもらった。そして、おとなりのおうちの家族の一人、（　）と友達になった。

グレン　お父さん　ジョージ　真琴《まこと》

(3) 「わたし」に教えてくれたことについて、お父さんならA、真琴さんならB、グレンならCと書きましょう。（5×3）

（　）アメリカでは、初めて会った人とは、あくしゅをする。

（　）青い青い湖の名前は、スワンレイクという。

（　）アメリカは、移《い》民がつくりあげた国である。

★「近くて、二ひきの茶色のりすたちが、～グレンの手をにぎったときのように。」の部分を読んで、答えましょう。

(4) 言葉の追いかけっことは、どんなことですか。（10）

(5) 「わたし」が急に自分の名前を好きになったのは、なぜですか。（10）

(6) 「わたし」がもっともっと英語の勉強をしたいと思うようになったのは、なぜですか。（10）

(7) この気持ちをいつか、グレンに伝えられたらいいなとありますが、この気持ちとは、どんな気持ちですか。あなたの考えを書きましょう。（15）

手ぶくろを買いに (1)

名前

「ぼうや、お手々をかたほうお出し。」

と、母さんぎつねが言いました。その手を、母さんぎつねはしばらくにぎっている間に、かわいい人間の子どもの手にしてしまいました。ぼうやのきつねは、㋐その手を、広げたり、にぎったり、つねってみたり、かいでみたりしました。

「㋑なんだか変だな、母ちゃん、これなあに。」

と言って、雪明かりに、また、その人間の手に変《か》えられてしまった自分の手を、㋒しげしげと見つめました。

あ
「それは人間の手よ。いいかい、ぼうや、町へ行ったらね、たくさん人間の家があるからね。まず、表に円いシャッポのかんばんのかかっている家をさがすんだよ。それが見つかったらね、トントンと戸をたたいて、こんばんはって言うんだよ。そうするとね、中から人間が、すこうし《(少し)》戸を開けるからね、その戸のすき間から、こっちの手、ほら、この人間の手を差し入れてね、この手にちょうどいい手ぶくろちょうだいって言うんだよ。分かったね、㋓決して、こっちのお手々を出しちゃだめよ。」

と、母さんぎつねは言い聞かせました。

「どうして。」

と、ぼうやのきつねはきき返しました。

「人間はね、相手がきつねだと分かると、手ぶくろを売ってくれないんだよ。それどころか、つかまえて、おりの中へ入れちゃうんだよ。人間って、ほんとにおそろしいものなんだよ。」

「ふうん。」

「決して、㋔こっちの手を出しちゃいけないよ。㋕こっちのほう、ほら、人間の手のほうを差し出すんだよ。」

と言って、母さんのきつねは、持ってきた二つの白《はく》どうかを、人間の手のほうへにぎらせてやりました。


（令和六年度版　光村図書　国語　四下　はばたき　新美《にいみ》南吉《なんきち》）

(1) ㋐その手とは、どんな手ですか。(10)

（　　　　）の手。

(2) 「㋑なんだか変だな、母ちゃん、これなあに。」と言ったのは、だれですか。(10)

（　　　　）

(3) ㋒しげしげと見つめました。とは、どんな意味ですか。正しい方に○をつけましょう。(10)

（　）じっと見た。

（　）ちらっと見た。

(4) あで、母さんぎつねがぼうやのきつねに言った、町へ行ったらすることについて、（　）にあてはまる言葉を書きましょう。(7×5)

① 表に円いシャッポの（　　　）のかかっている家をさがす。
② トントンと戸をたたいて、「（　　　）。」と言う。
③ 戸の（　　　）から、（　　　）を差し入れて、「この手にちょうどいい（　　　）ちょうだい。」と言う。

(5) 母さんぎつねは、なぜ「㋓決して、こっちのお手々を出しちゃだめよ。」と言ったのですか。(15)

（　　　　）

(6) ㋔こっちの手、㋕こっちのほうとありますが、それぞれ「人間の手」、「きつねの手」のどちらを指していますか。(10×2)

㋔（　　　）
㋕（　　　）

手ぶくろを買いに　(2)

とうとう、㋐ぼうし屋が見つかりました。お母さんが道々よく教えてくれた、黒い大きなシルクハットのぼうしのかんばんが、青い電灯に照らされて、かかっていました。

子ぎつねは、教えられたとおり、トントンと戸をたたきました。

（あ）「こんばんは。」

すると、中では何かコトコト音がしていましたが、やがて、戸が一すんほどゴロリと開《あ》いて、光の帯が、道の白い雪の上に長くのびました。

子ぎつねは、その光がまばゆかったので、めんくらって、まちがったほうの手を、――お母さんが、㋑出しちゃいけないと言ってよく聞かせたほうの手を、すき間から差しこんでしまいました。

（い）「このお手々にちょうどいい手ぶくろ、ください。」

すると、ぼうし屋さんは、㋒おやおやと思いました。きつねの手です。きつねの手が、手ぶくろをくれと言うのです。これはきっと、木《こ》の葉で買いに来たんだなと思いました。そこで、

（う）「㋓先にお金をください。」

と言いました。子ぎつねは、すなおに、にぎってきた白《はく》どうかを二つ、ぼうし屋さんにわたしました。ぼうし屋さんは、㋔それを人さし指の先にのっけて、かち合わせてみると、チンチンとよい音がしましたので、これは木の葉じゃない、㋕ほんとのお金だと思いましたので、たなから子ども用の毛糸の手ぶくろを取り出してきて、子ぎつねの手に持たせてやりました。子ぎつねは、お礼を言って、また、もと来た道を帰り始めました。

（令和六年度版　光村図書　国語　四下　はばたき　新美《にいみ》南吉《なんきち》）

名前

(1) （あ）〜（う）は、それぞれだれが言った言葉ですか。（5×3）

（あ）（　　　　）
（い）（　　　　）
（う）（　　　　）

(2) ㋐ぼうし屋には、何がどのようにかかっていましたか。（15）

（　　　　）

(3) ㋑出しちゃいけないと言ってよく聞かせたほうの手とありますが、どちらの手ですか。正しい方に○をつけましょう。（10）

（　）きつねの手　（　）人間の手

(4) なぜ、ぼうし屋さんは、㋒おやおやと思ったのですか。（　）にあてはまる言葉を書きましょう。（15）

差しこまれた手が、（　　　　）の手だったから。

(5) なぜ、ぼうし屋さんは、「㋓先にお金をください。」と言ったのですか。（10）

（　　　　）

(6) ㋔それは、何を指していますか。（10）

（　　　　）

(7) ㋕ほんとのお金だと思いましたとありますが、なぜぼうし屋さんはこのように思ったのですか。（10）

（　　　　）

(8) ぼうし屋さんは、子ぎつねの手に何を持たせてやりましたか。（15）

（　　　　）

手ぶくろを買いに (3)

名前

あ「お母さんは、人間はおそろしいものだっておっしゃったが、㋐ちっともおそろしくないや。だって、ぼくの手を見ても、どうもしなかったもの。」と思いました。

けれど、子ぎつねは、いったい人間なんてどんなものか、見たいと思いました。

あるまどの下を通りかかると、㋑人間の声がしていました。なんというやさしい、なんという美しい、なんというおっとりした声なんでしょう。

「ねむれ　ねむれ
　母のむねに、
ねむれ　ねむれ
　母の手に――。」

子ぎつねは、㋒その歌声は、きっと、人間のお母さんの声にちがいないと思いました。Ⓐ、子ぎつねがねむるときにも、やっぱり母さんぎつねは、あんなやさしい声でゆすぶってくれるからです。

すると、今度は、子どもの声がしました。

い「母ちゃん、こんな寒い夜は、森の子ぎつねは、寒い寒いって、ないてるでしょうね。」

Ⓑ、母さんの声が、

う「森の子ぎつねも、お母さんぎつねのお歌を聞いて、ほらあなの中でねむろうとしているでしょうね。さあ、ぼうやも早くねんねしなさい。森の子ぎつねとぼうやと、どっちが早くねんねするか、きっと、ぼうやのほうが早くねんねしますよ。」

それを聞くと、子ぎつねは、急にお母さんがこいしくなって、㋓母さんぎつねの待っている方へとんでいきました。

（令和六年度版　光村図書　国語　四下　はばたき　新美《にいみ》南吉《なんきち》）

(1) あ〜うは、それぞれだれの言葉ですか。［　］から選んで書きましょう。(5×3)

あ（　　　）　い（　　　）　う（　　　）

［子ぎつね　人間の子ども　母さんぎつね　人間のお母さん］

(2) なぜ、子ぎつねは人間を「㋐ちっともおそろしくないや。」と思ったのですか。(10)

（　　　）

(3) ㋑人間の声は、どんな声でしたか。三つ書きましょう。(5×3)

・（　　　）声
・（　　　）声
・（　　　）声

(4) 子ぎつねは、㋒その歌声をだれの声だと思いましたか。(10)

（　　　）

(5) Ⓐ、Ⓑにあてはまるつなぎ言葉を［　］から選んで書きましょう。(10×2)

Ⓐ（　　　）　Ⓑ（　　　）

［すると　けれど　だって］

(6) うは、だれがだれに言った言葉ですか。(10×2)

（　　　）が（　　　）に言った言葉。

(7) 子ぎつねが、㋓母さんぎつねの待っている方へとんでいったのはなぜですか。(10)

（　　　）

手ぶくろを買いに (4)

母さんぎつねは、心配しながら、ぼうやのきつねの帰ってくるのを、今か今かと、ふるえながら待っていましたので、ぼうやが来ると、㋐温かいむねにだきしめて、㋑泣きたいほどよろこびました。

㋒二ひきのきつねは、森の方へ帰っていきました。月が出たので、きつねの毛なみが銀色に光り、その足あとには、コバルトのかげがたまりました。

「㋓母ちゃん、人間って、ちっともこわかないや。」

「どうして。」

「ぼう、まちがえて、本当のお手々出しちゃったの。でも、ぼうし屋さん、つかまえやしなかったもの。ちゃんと、こんないい、温かい手ぶくろくれたもの。」

と言って、手ぶくろのはまった両手を、パンパンやってみせました。母さんぎつねは、

「まあ。」

と㋔あきれましたが、

(あ)「本当に人間は、いいものかしら。本当に人間は、いいものかしら。」

とつぶやきました。

（令和六年度版　光村図書　国語　四下　はばたき　新美《にいみ》南吉《なんきち》）

名前

(1) だれの㋐温かいむねですか。 (10)

(2) ㋑泣きたいほどよろこびました。とは、どんな気持ちを表していますか。正しい方に○をつけましょう。 (15)

（　）悲しさとうれしさが入り混じった気持ち

（　）なみだが出るほどうれしい気持ち

(3) ㋒二ひきのきつねについて、答えましょう。 (15×2)

① 何が銀色に光ったのですか。

② 何にコバルトのかげがたまったのですか。

（　　）の（　　）

(4) ぼうやのきつねが、「㋓母ちゃん、人間って、ちっともこわかないや。」と言ったのはなぜですか。 (15)

(5) ㋔あきれましたとありますが、母さんぎつねは何にあきれたのですか。 (15)

(6) (あ)とありますが、母さんぎつねはどんな気持ちでつぶやいたと思いますか。あなたの考えを書きましょう。 (15)

漢字書き

漢字の広場 (1)(2)

名前

①南の□《しま》

②お□《みや》参り

③□□《さかみち》を上る

④□《みなと》に着く

⑤□《やど》にとまる

⑥□□《てっきょう》

⑦□□□《ほうそうきょく》

⑧□□《ちゅうおう》公園

⑨東京□《えき》

⑩市□□《やくしょ》

⑪□□□□□《けんりつとしょかん》

⑫□□《ちく》センター

⑬□《もう》しこみ

⑭不□□《つごう》

⑮市民□□《びょういん》

⑯□□《ぎんこう》へ行く

⑰□□《いしゃ》になる

⑱□□《ぎょうれつ》

⑲□《ひつじ》の大群

⑳□□《のうか》の仕事

㉑□《ま》がり道

㉒□□《おんしつ》で育てる

㉓□《はたけ》をたがやす

㉔花を□《う》える

㉕広い□《みずうみ》

㉖□□《やっきょく》

㉗□□《しょうてん》街

㉘有名な□□《てんしゅ》

㉙□□《やすう》り

㉚□□《れんしゅう》

㉛夏は□《あつ》い

㉜□□《たいよう》の光

㉝□《なみ》しぶき

㉞□《およ》ぐ

㉟□《いき》つぎ

㊱かき□《ごおり》

㊲□□《なつまつ》り

㊳□□□《ゆうめいじん》

㊴的に□□《めいちゅう》する

㊵□□□□《かぞくりょこう》

㊶□□《しゅっぱつ》

㊷□□《にもつ》を□《も》つ

㊸□《はや》い乗りもの

㊹□□《きゅうしゅう》へ行く

㊺□□《よてい》を立てる

㊻□□《てっぱん》

㊼□《あぶら》がはねる

㊽□《くば》る

㊾□《すみ》を運ぶ

㊿□□《びょうどう》なけん利

(51)水を□《そそ》ぐ

(52)□□《ぜんぶ》食べる

(53)□《あじ》わう

(54)□□□□《じゆうけんきゅう》

(55)□《まめ》料理

(56)□《しら》べる

(57)部屋の□□《おんど》

(58)□□《みどりいろ》

(59)□《ね》をはり、□《は》を広げる

/59

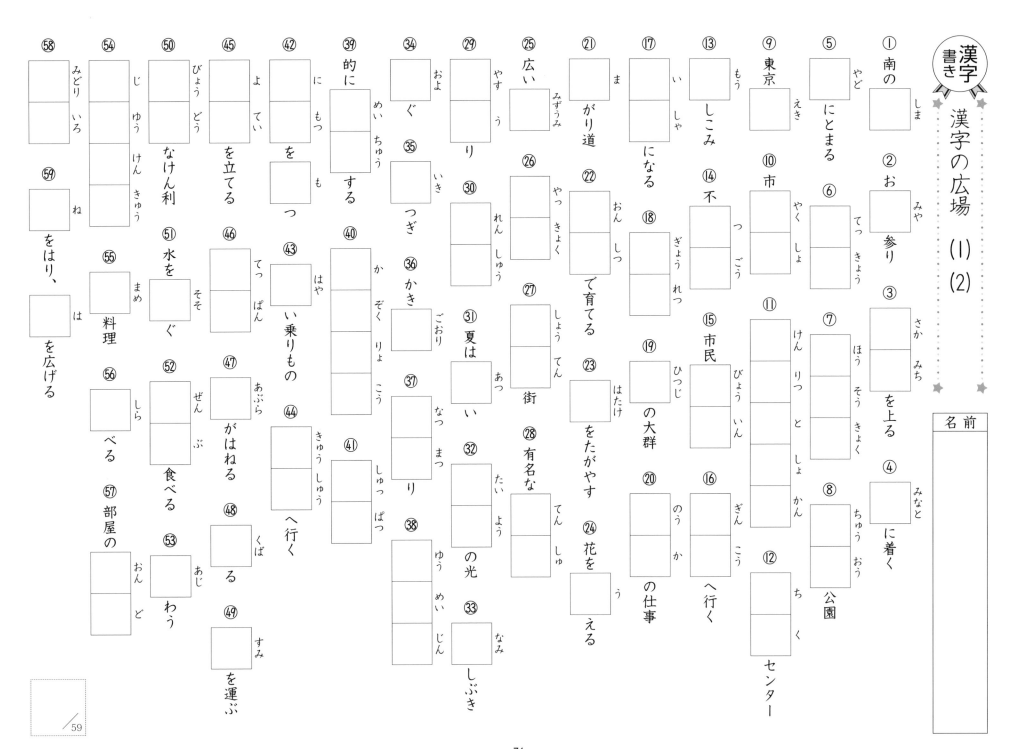

漢字書き

漢字の広場 (3)(4)

名前

① □《はじ》まり
② 物を□《お》とす
③ てきを□《お》う
④ □《いそ》ぐ
⑤ □《すす》む
⑥ □《ころ》がる
⑦ □《わる》い予感
⑧ □□《かいがん》ぞい
⑨ □《かな》しい
⑩ 人を□《たす》ける
⑪ 台風が□《さ》る
⑫ □《くら》い部屋
⑬ □《ふか》い穴
⑭ 車に□《の》る
⑮ □《む》かう
⑯ 駅に□《つ》く
⑰ お□《さけ》を□《の》む
⑱ お□《さら》
⑲ □《うつく》しい
⑳ お□《れい》
㉑ □□《こうふく》な人生
㉒ □□□《たまてばこ》
㉓ □《う》け□《と》る
㉔ □《お》わり
㉕ 箱を□《あ》ける
㉖ □□□《せかいちず》
㉗ 日本の□□《しんわ》
㉘ グリム□□《どうわ》
㉙ □□□□《としょいいん》
㉚ 道具を□《つか》う
㉛ 本を□《かえ》す
㉜ □□《きりつ》する
㉝ 委員を□□《しめい》する
㉞ 図形の□□《めんせき》
㉟ □□《ばいすう》
㊱ □□《もんだい》
㊲ □□《しょうわ》の町なみ
㊳ 先生の□□《しごと》
㊴ □□《はなぢ》
㊵ □□□《たいいくかん》
㊶ □□《かんそう》文
㊷ □《は》みがき
㊸ □□《じつぶつ》
㊹ □《むかし》の□《あそ》び
㊺ カバンが□《かる》い
㊻ 荷物が□《おも》い
㊼ □《かかり》に□□《そうだん》する
㊽ □《つぎ》の人
㊾ □《ふえ》をふく
㊿ 学校の□□《こうてい》
(51) □《よこ》の長さ
(52) □□《びょうそく》5メートル

/52

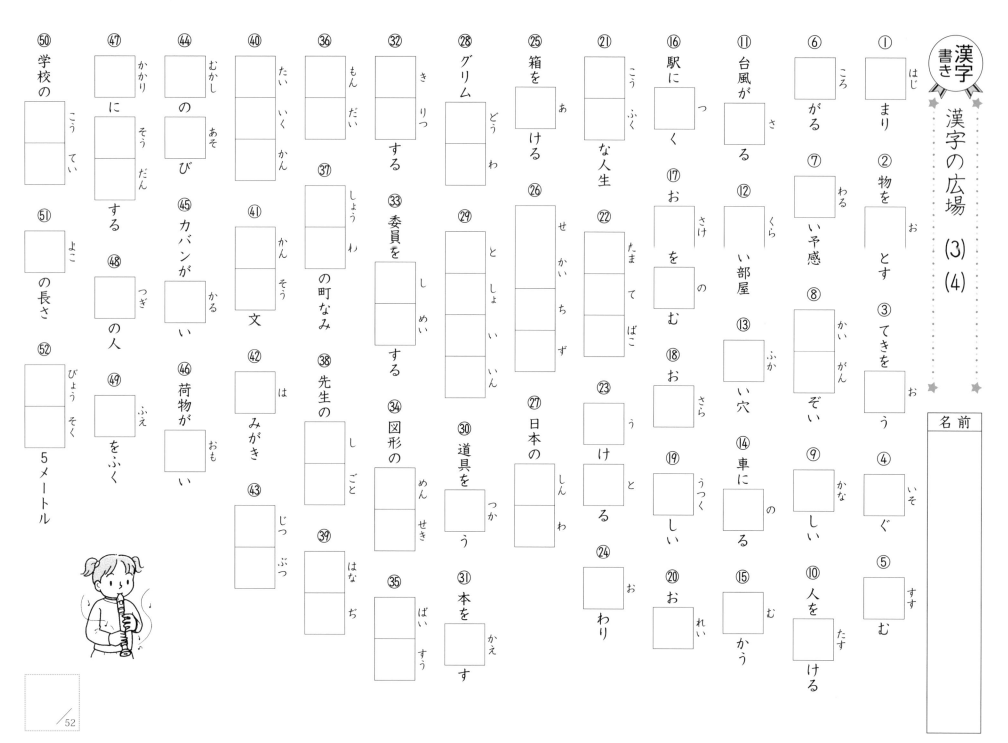

漢字書き

漢字の広場 (5)(6)

名前

① □□《ゆうぐ》

② □□《しゃしん》をとる

③ ゴミを□《ひろ》う

④ □□《びか》委員

⑤ □《さむ》い

⑥ 山へ□《のぼ》る

⑦ □□《しんごう》を□《ま》つ

⑧ □□《どうろ》

⑨ ズボンが□《みじか》い

⑩ □□《ようふく》

⑪ □□《かんじ》を□□《べんきょう》する

⑫ お□《ゆ》

⑬ □《け》す

⑭ □□《りょうしん》と仲が良い

⑮ □《かわ》をむく

⑯ 家の□□《やね》

⑰ □□《しゃこ》に入れる

⑱ □□《せいり》する

⑲ □□《じゅうしょ》

⑳ □□《てちょう》

㉑ □《はしら》

㉒ □□《しんちょう》を測る

㉓ お□□《きゃくさま》

㉔ □□《にかい》建て

㉕ 一□□《ちょうめ》

㉖ □□□《しんがっき》が始まる

㉗ □□《しんきゅう》する

㉘ □□□《しぎょうしき》

㉙ □□□《うんどうかい》

㉚ 山田□《くん》

㉛ □《か》つ

㉜ □《ま》ける

㉝ □□《ひっし》に走る

㉞ □《くる》しい

㉟ □□《さくひん》

㊱ □□《もうひつ》

㊲ □□《だいひょう》者

㊳ □《だい》五回

㊴ 卒業□□《ぶんしゅう》

㊵ □《し》や□□《ぶんしょう》

㊶ □□□《がっきゅうかい》

㊷ □□《けってい》する

㊸ □□《はんたい》する

㊹ □□《いけん》をのべる

㊺ □□《やきゅう》選手

㊻ ボールを□《う》つ

㊼ □《た》校生

㊽ 国さい□□《こうりゅう》

㊾ 安全を□《まも》る

/49

漢字読み

漢字① 読み

――線が引いてある漢字の読みを書きましょう。

名前

①信号（　）
②速達（　）
③飛び出す（　）（　）
④運転席（　）
⑤建物（　）
⑥菜の花（　）（　）
⑦目標（　）
⑧例（　）
⑨友達（　）
⑩方法（　）
⑪分類（　）
⑫機械（　）
⑬司書（　）
⑭事典（　）
⑮記す（　）
⑯五十音順（　）
⑰記録（　）
⑱辞典（　）
⑲成り立ち（　）（　）
⑳画数（　）
㉑音訓（　）
㉒部首（　）
㉓目印（　）
㉔東西南北（　）
㉕静か（　）
㉖お社（　）
㉗愛読書（　）
㉘昨夜（　）
㉙本を正す（　）
㉚青年（　）
㉛城（　）
㉜初夏（　）
㉝風景（　）
㉞群れ（　）
㉟絵画（　）
㊱立春（　）
㊲必要（　）
㊳目的（　）
㊴用いる（　）
㊵都道府県（　）
㊶宮城（　）
㊷七夕（　）
㊸山形（　）
㊹茨城（　）
㊺栃木（　）
㊻群馬（　）
㊼埼玉（　）
㊽人口（　）
㊾神奈川（　）
㊿新潟（　）

漢字書き

漢字① 書き

名前

● 漢字を書きましょう。

① □□《しんごう》を守る

② □□《そくたつ》で出す

③ □《と》び□《だ》す

④ □□□《うんてんせき》

⑤ □□《たてもの》

⑥ □《な》の□《はな》

⑦ □□《もくひょう》

⑧ □《れい》を挙げる

⑨ □□《ともだち》

⑩ 実験□□《ほうほう》

⑪ □□《ぶんるい》

⑫ □□《きかい》を動かす

⑬ 図書館□□《ししょ》

⑭ 百科□□《じてん》

⑮ 名前を□《しる》す

⑯ □□□□《ごじゅうおんじゅん》

⑰ 観察□□《きろく》

⑱ 国語□□《じてん》

⑲ □《な》り□《た》ち

⑳ 漢字の□□《かくすう》

㉑ 漢字の□□《おんくん》

㉒ □□《ぶしゅ》

㉓ □□《めじるし》

㉔ □□□□《とうざいなんぼく》

㉕ □《しず》か

㉖ お□《やしろ》

㉗ □□□《あいどくしょ》

㉘ □□《さくや》の出来事

㉙ □《もと》を正す

㉚ 好□□《せいねん》

㉛ 大阪□《じょう》

㉜ □□《しょか》の季節

㉝ □□《ふうけい》

㉞ 羊の□《む》れ

㉟ 有名な□□《かいが》

㊱ □□《りっしゅん》

㊲ □□《ひつよう》なもの

㊳ □□《もくてき》

㊴ □《もち》いる

㊵ □□□□《とどうふけん》

㊶ □□《みやぎ》県

㊷ □□《たなばた》

㊸ □□《やまがた》県

㊹ □□《いばらき》県

㊺ □□《とちぎ》県

㊻ □□《ぐんま》県

㊼ □□《さいたま》県

㊽ 日本の□□《じんこう》

㊾ □□□《かながわ》県

㊿ □□《にいがた》県

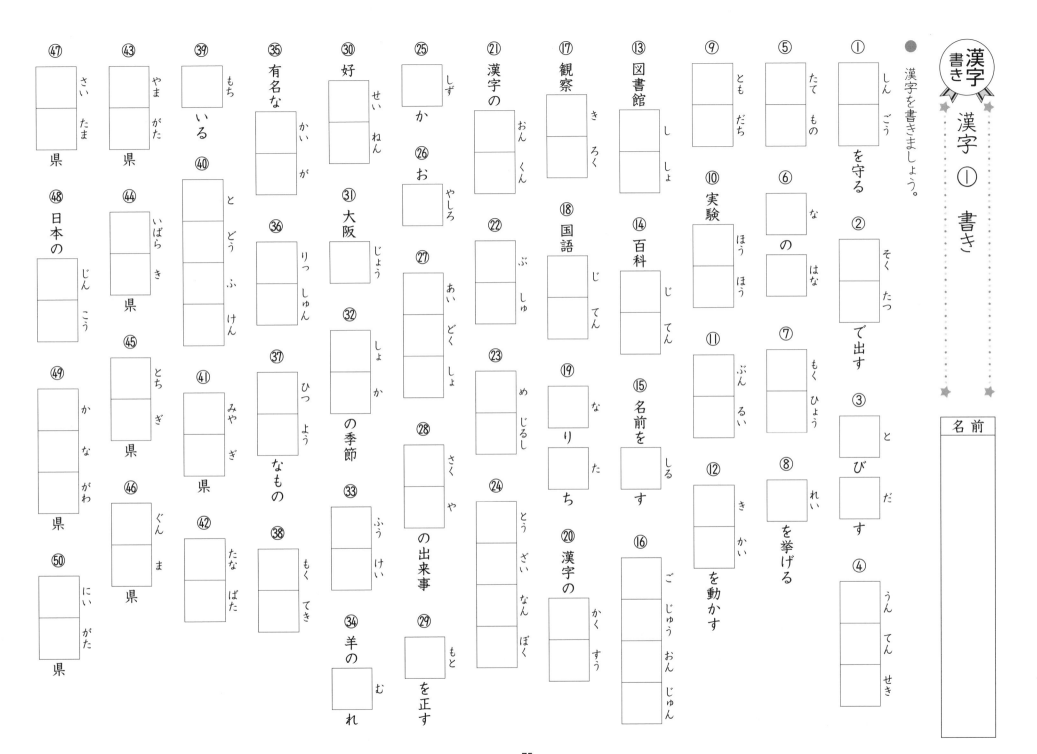

漢字読み

漢字 ② 読み

●――線が引いてある漢字の読みを書きましょう。

名前

① 富山（　　）
② 福井（　　）
③ 山梨（　　）
④ 生産量（　　）
⑤ 岐阜（　　）
⑥ 静岡（　　）
⑦ 伝える（　　）
⑧ 案内図（　　）
⑨ 説明図（　　）
⑩ 景色（　　）
⑪ 試合（　　）
⑫ 後半（　　）
⑬ 選手（　　）
⑭ 観客席（　　）
⑮ 旗（　　）
⑯ 勝利（　　）
⑰ 取材（　　）
⑱ 関係（　　）
⑲ 以外（　　）
⑳ 季節（　　）
㉑ 市区町村（　　）
㉒ 郡（　　）
㉓ 戦争（　　）
㉔ 配給（　　）
㉕ ご飯（　　）
㉖ 汽車（　　）
㉗ 包帯（　　）
㉘ 泣（　　）き顔（　　）
㉙ 軍歌（　　）
㉚ 兵隊（　　）
㉛ 一輪（　　）
㉜ 健康（　　）
㉝ 夫（　　）
㉞ 坂口氏（　　）
㉟ 祝日（　　）
㊱ 百貨店（　　）
㊲ 台風（　　）
㊳ 児童館（　　）
㊴ 器官（　　）
㊵ 良い（　　）
㊶ 徒競走（　　）
㊷ 昨日（　　）
㊸ 芽（　　）
㊹ 奈良（　　）
㊺ 梅（　　）
㊻ 要約（　　）
㊼ 工夫（　　）
㊽ わり付け（　　）
㊾ 清書（　　）
㊿ 回答（　　）

漢字書き

漢字② 書き

名前

● 漢字を書きましょう。

① □□《とやま》県

② □□《ふくい》県

③ □□《やまなし》県

④ □□□《せいさんりょう》

⑤ □□《ぎふ》県

⑥ □□《しずおか》県

⑦ □《つた》える

⑧ □□□《あんないず》

⑨ □□□《せつめいず》

⑩ 美しい□□《けしき》

⑪ 練習□□《じあい》

⑫ 四月□□《こうはん》

⑬ 野球□□《せんしゅ》

⑭ □□□《かんきゃくせき》

⑮ □《はた》をふる

⑯ チームの□□《しょうり》

⑰ □□《しゅざい》する

⑱ 無□□《かんけい》

⑲ 算数□□《いがい》はとく意だ

⑳ 春の□□《きせつ》

㉑ □□□□《しくちょうそん》

㉒ 川崎□《ぐん》

㉓ □□《せんそう》の歴史

㉔ お米の□□《はいきゅう》

㉕ ご□《はん》

㉖ □□《きしゃ》に乗る

㉗ □□《ほうたい》をまく

㉘ □《な》き□《がお》

㉙ □□《ぐんか》を歌う

㉚ □□《へいたい》

㉛ □□《いちりん》の花

㉜ □□《けんこう》体

㉝ □《おっと》

㉞ 坂口□《し》

㉟ □□《しゅくじつ》

㊱ □□□《ひゃっかてん》

㊲ □□《たいふう》が来る

㊳ □□□《じどうかん》

㊴ 消化□□《きかん》

㊵ □《よ》い結果

㊶ □□□《ときょうそう》

㊷ □□《きのう》の出来事

㊸ □《め》が出る

㊹ □□《なら》県

㊺ □《うめ》の花

㊻ 話の□□《ようやく》

㊼ □□《くふう》する

㊽ わり□《つ》け

㊾ 手紙の□□《せいしょ》

㊿ アンケートに□□《かいとう》する

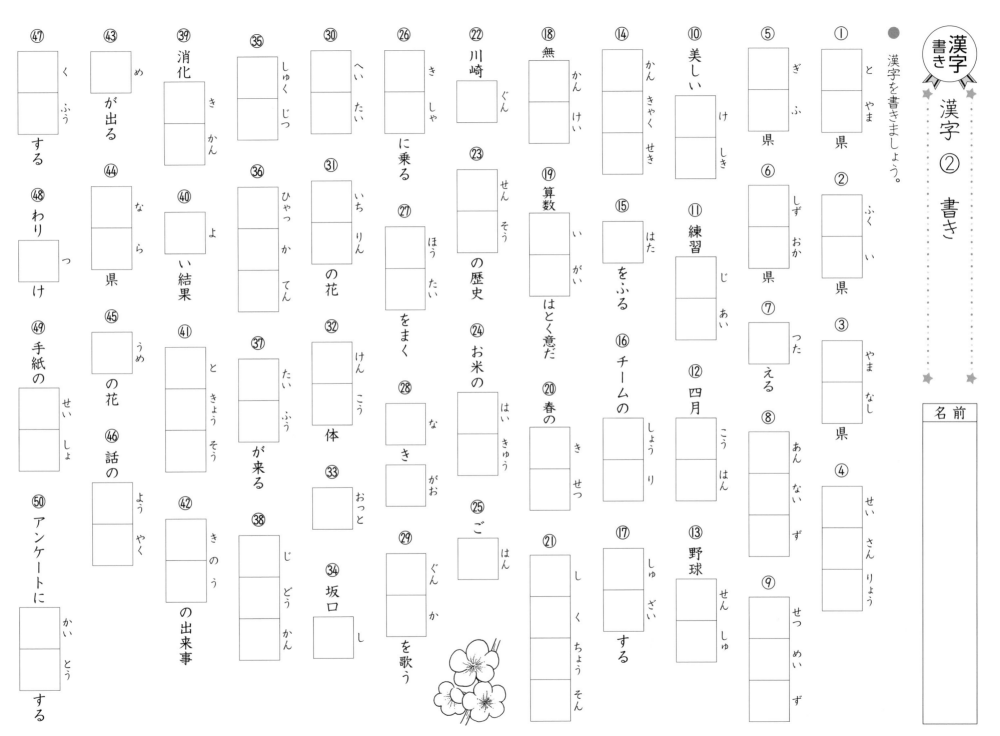

漢字読み

漢字③ 読み

——線が引いてある漢字の読みを書きましょう。

名前

① 滋賀（　　）
② 大阪（　　）
③ 鳥取（　　）
④ 徳島（　　）
⑤ 香川（　　）
⑥ 愛媛（　　）
⑦ 佐賀（　　）
⑧ 長崎（　　）
⑨ 熊本（　　）
⑩ 大分（　　）
⑪ 鹿児島（　　）
⑫ 沖縄（　　）
⑬ 一日（　　）
⑭ 熱帯（　　）
⑮ 手伝う（　　）
⑯ 春夏秋冬（　　）（　　）（　　）（　　）
⑰ 働く（　　）
⑱ 栄養（　　）
⑲ 満ち足りる（　　）（　　）
⑳ 真っ赤（　　）（　　）
㉑ お姉さん（　　）
㉒ 命令（　　）
㉓ 位置（　　）
㉔ 漁業（　　）
㉕ 海水浴場（　　）
㉖ 出欠（　　）
㉗ 卒業式（　　）
㉘ 単行本（　　）
㉙ 結果（　　）
㉚ 直径（　　）
㉛ 副大臣（　　）
㉜ 街灯（　　）
㉝ 印刷（　　）
㉞ 治水（　　）
㉟ 塩気（　　）
㊱ 合唱（　　）
㊲ 参考（　　）
㊳ 英語（　　）
㊴ 変化（　　）
㊵ 結末（　　）
㊶ 菜種（　　）
㊷ 百姓家（　　）
㊸ ふり続く（　　）
㊹ 小川（　　）
㊺ ふみ折る（　　）
㊻ 積む（　　）
㊼ 松たけ（　　）
㊽ 不思議（　　）
㊾ 差す（　　）
㊿ 念願（　　）

漢字書き

漢字③ 書き

名前

● 漢字を書きましょう。

① □□《しが》県

② □□《おおさか》府

③ □□《とっとり》県

④ □□《とくしま》県

⑤ □□《かがわ》県

⑥ □□《えひめ》県

⑦ □□《さが》県

⑧ □□《ながさき》県

⑨ □□《くまもと》県

⑩ □□《おおいた》県

⑪ □□□《かごしま》県

⑫ □□《おきなわ》県

⑬ 一月□□《ついたち》

⑭ □□《ねったい》

⑮ □□《てつだ》う

⑯ □□□□《しゅんかしゅうとう》

⑰ □《はたら》く

⑱ □□《えいよう》満点

⑲ □《み》ち□《た》りる

⑳ □《ま》っ□《か》なトマト

㉑ お□《ねえ》さん

㉒ □□《めいれい》

㉓ □□《いち》を調べる

㉔ □□《ぎょぎょう》

㉕ □□□□《かいすいよくじょう》

㉖ □□《しゅっけつ》を取る

㉗ □□□《そつぎょうしき》

㉘ □□□《たんこうぼん》

㉙ 試合の□□《けっか》

㉚ □□《ちょっけい》の長さ

㉛ □□□《ふくだいじん》

㉜ □□《がいとう》の明かり

㉝ □□《いんさつ》

㉞ □□《ちすい》工事

㉟ □□《しおけ》がある

㊱ クラス□□《がっしょう》

㊲ □□《さんこう》書

㊳ □□《えいご》のじゅ業

㊴ 気温の□□《へんか》

㊵ □□《けつまつ》

㊶ □□《なたね》がら

㊷ □□□《ひゃくしょうや》

㊸ ふり□《つづ》く

㊹ □□《おがわ》の流れ

㊺ ふみ□《お》る

㊻ つみきを□《つ》む

㊼ □《まつ》たけ

㊽ □□□《ふしぎ》

㊾ 光が□《さ》す

㊿ □□《ねんがん》がかなう

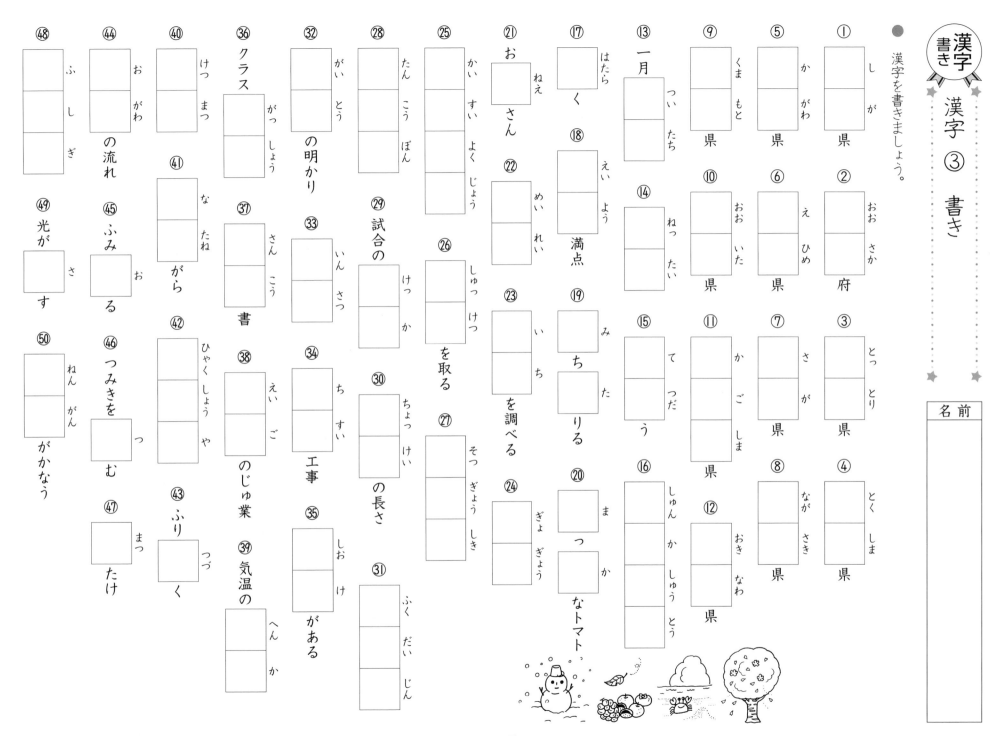

漢字読み

漢字④ 読み

●線が引いてある漢字の読みを書きましょう。

名前

① 固める
② 便せん
③ 博物館
④ 浅い
⑤ 倉庫
⑥ 名札
⑦ 孫
⑧ 成功
⑨ 参加
⑩ 牧場
⑪ 読本
⑫ 借りる
⑬ 明後日
⑭ 米作
⑮ 戸外
⑯ 木かげ
⑰ 半ば
⑱ 挙げる
⑲ 協力
⑳ 積極的
㉑ 求める
㉒ 未来
㉓ 工芸品
㉔ 各地
㉕ 材料
㉖ 自然
㉗ 仲
㉘ 労働
㉙ 焼く
㉚ 冷やす
㉛ 金色
㉜ 照らす
㉝ 好き
㉞ 正反対
㉟ 最高
㊱ 反省
㊲ 放課後
㊳ 無理
㊴ 右側
㊵ 改める
㊶ 正直
㊷ 一周
㊸ 水害
㊹ 種類
㊺ 元日
㊻ 共通点
㊼ 連想
㊽ 木刀
㊾ 流星
㊿ 竹林

漢字書き

漢字④ 書き

名前

● 漢字を書きましょう。

① こぶしを□《かた》める
② □《びん》せん
③ □□□《はくぶつかん》
④ □《あさ》い川
⑤ 会社の□□《そうこ》
⑥ □□《なふだ》
⑦ □《まご》
⑧ 実験に□□《せいこう》する
⑨ 活動に□□《さんか》する
⑩ □□《ぼくじょう》
⑪ □□《とくほん》
⑫ □《か》りる
⑬ □□□《みょうごにち》
⑭ □□《べいさく》
⑮ □□《こがい》に出る
⑯ □《こ》かげ
⑰ □《なか》ば
⑱ 例を□《あ》げる
⑲ みんなで□□《きょうりょく》する
⑳ □□□《せっきょくてき》
㉑ □《もと》める
㉒ 日本の□□《みらい》
㉓ □□□《こうげいひん》
㉔ 日本□□《かくち》
㉕ □□《ざいりょう》を集める
㉖ □□《しぜん》を守る
㉗ □《なか》が良い
㉘ □□《ろうどう》者
㉙ 肉を□《や》く
㉚ □《ひ》やす
㉛ □□《こんじき》
㉜ □《て》らす
㉝ □《す》きな動物
㉞ □□□《せいはんたい》
㉟ □□《さいこう》の仲間
㊱ □□《はんせい》する
㊲ □□□《ほうかご》
㊳ □□《むり》
㊴ □□《みぎがわ》
㊵ □《あらた》める
㊶ □□《しょうじき》
㊷ 校庭を□□《いっしゅう》する
㊸ □□《すいがい》
㊹ 三□□《しゅるい》
㊺ □□《がんじつ》
㊻ □□□《きょうつうてん》
㊼ □□《れんそう》する言葉
㊽ □□《ぼくとう》を買う
㊾ □□《りゅうせい》群
㊿ □□《ちくりん》

漢字読み

漢字⑤ 読み

●――線が引いてある漢字の読みを書きましょう。

名前

① 人力（　　）
② 伝言（　　）
③ 願望（　　）
④ 消失（　　）
⑤ 周辺（　　）
⑥ 高低（　　）
⑦ 勝敗（　　）
⑧ 老木（　　）
⑨ 海底（　　）
⑩ 開票（　　）
⑪ 着陸（　　）
⑫ 血管（　　）
⑬ 岩石（　　）
⑭ 衣服（　　）
⑮ 右折（　　）
⑯ 完成（　　）
⑰ 実験（　　）
⑱ 分別（　　）
⑲ 残念（　　）
⑳ 希望（　　）
㉑ 努力（　　）
㉒ 約束（　　）
㉓ 野鳥（　　）
㉔ 巣（　　）
㉕ 産む（　　）
㉖ 天候（　　）
㉗ 観察（　　）
㉘ 特に（　　）
㉙ 自ら（　　）
㉚ 一兆（　　）
㉛ 一億（　　）
㉜ 望遠鏡（　　）
㉝ 白鳥（　　）
㉞ 散歩（　　）
㉟ 国民（　　）
㊱ 覚める（　　）
㊲ 勇気（　　）
㊳ 笑う（　　）

漢字書き

漢字⑤ 書き

名前

● 漢字を書きましょう。

① □□《じんりき》車　② □□《でんごん》　③ □□《がんぼう》をかなえる　④ データが□□《しょうしつ》する

⑤ □□《しゅうへん》　⑥ □□《こうてい》差　⑦ □□《しょうはい》を決める　⑧ □□《ろうぼく》を切る

⑨ □□《かいてい》にもぐる　⑩ 選挙の□□《かいひょう》日　⑪ □□《ちゃくりく》　⑫ 手の□□《けっかん》

⑬ □□《がんせき》　⑭ 夏の□□《いふく》　⑮ □□《うせつ》　⑯ 橋が□□《かんせい》する

⑰ 理科の□□《じっけん》　⑱ ゴミの□□《ぶんべつ》　⑲ □□《ざんねん》　⑳ 夢と□□《きぼう》

㉑ □□《どりょく》　㉒ □□《やくそく》　㉓ □□《やちょう》をさがす　㉔ 鳥の□《す》

㉕ たまごを□《う》む　㉖ □□《てんこう》が悪い　㉗ 朝顔の□□《かんさつ》　㉘ □《とく》に

㉙ □《みずか》ら　㉚ 一□《ちょう》円　㉛ 一□《おく》円　㉜ □□□《ぼうえんきょう》　㉝ □□《はくちょう》のおどり

㉞ 公園を□□《さんぽ》する　㉟ □□《こくみん》　㊱ 目が□《さ》める

㊲ □□《ゆうき》のある人　㊳ □《わら》う

改訂版 教科書にそって学べる 国語教科書プリント４年 光村図書版 解答例

3頁

国語の学びを見わたそう

名前

● 三年生で学んだこと

(1) 話すとき、聞くとき、話し合うときには、どんなことに気をつけるとよいですか。それぞれあてはまるもの二つに○を、あてはまらないものには×をつけましょう。

① 話すとき (5×3)

（○）伝えたいことは、「初め」と「終わり」でくりかえす。

（×）短い時間でたくさんのことが伝えられるように、早口で話す。

（○）話したいことに合わせて、声の強弱や、話す速さを工夫する。

② 聞くとき (5×3)

（○）話の中心に気をつけて聞く。

（○）どのようにしつもんすると、よいかを考えながら聞く。

（×）話のとちゅうでも、わからないことがあれば、すぐにしつもんをする。

③ 話し合うとき (5×3)

（×）友達の考えとちがうところは、できるだけ自分の意見に合わせてもらうように話し合う。

（○）友達の意見とちがうところを整理して、自分の意見を言う。

（○）役わりや、進め方を考えて司会の進行にそって話し合う。

(2) 次の文は、書くときに気をつけるとよいことが、書かれています。（　）にあてはまる言葉を□からえらんで書きましょう。(5×5)

・文章を「初め」、「（中）」「（終わり）」などのまとまりで組み立てる。

・読む人が分かりやすいように、（段落）を分け、順序を考える。

・様子などがよく伝わるように、（言葉）を選ぶ。

・書いたら読み返して、（まちがい）がないか、必要なことが書かれているかをたしかめる。

言葉　中　段落　まちがい　終わり

(3) 次の文は、それぞれの文章を読み取るときに気をつけるとよいことが書かれています。あてはまるものに○を、あてはまらないものには×をつけましょう。

① 物語 (5×3)

（×）それぞれの段落や場面に気をつけるよりも、まずは、登場人物の様子に気をつける。

（○）場面の様子を思いうかべながら読む。

（○）人物の人がらや気持ちをたしかめながら読む。

② 説明する文章 (5×3)

（○）図や写真の使い方に気をつけて読む。

（○）例を挙げる順序の工夫を、たしかめながら読む。

（○）「問い」と「答え」に気をつけて、文の組み立てを考える。

4頁

春のうた

名前

春のうた

草野《くさの》 心平《しんぺい》

かえるは冬のあいだは土の中にいて春になると地上に出てきます。そのはじめての日のうた。

ほっ　まぶしいな。
ほっ　うれしいな。

みずは　つるつる。
かぜは　そよそよ。
ケルルン　クック。
ああいいにおいだ。
ケルルン　クック。

ほっ　いぬのふぐりがさいている。
ほっ　おおきなくもがうごいてくる。

ケルルン　クック。
ケルルン　クック。

（令和六年度版　光村図書　国語　四上　かがやき　草野　心平）

● 上の詩を読んで答えましょう。

(1) この詩は、かえるが、いつ、どこから、どこに出てきた日のことを、うたっていますか。(10×3)

かえるが（春《いつ》）になり（土の中《どこから》）から（地上《どこに》）に出てきたはじめての日。

(2) この詩では、形がにている行がならんでいることで、リズムを感じることができます。つぎの行と形がにている行を書き出しましょう。(12×2)

① ほっ　まぶしいな。
（ほっ　うれしいな。）

② みずは　つるつる。
（かぜは　そよそよ。）

(3) なぜ、かえるは、「まぶしいな。」「うれしいな。」と思ったのですか。あなたの考えを書きましょう。(12)

（例）（暗い土の中から地上に出てきて、明るい光がまぶしかったから。出てきたのがうれしかったから。）

(4) 「ケルルン　クック。」は、かえるの何を表していますか。一つに○をつけましょう。(10)

（　）とびはねる音。
（○）鳴き声。
（　）土の中から出てくる音。

(5) 地上でかえるの目に見えたものは何でしたか。六文字で二つ書きましょう。(12×2)

・いぬのふぐり
・おおきなくも

5頁

白いぼうし (1)

名前

〔あらすじ〕松井さんが車道のそばに落ちていた小さなぼうしをつまみ上げると、もんしろちょうが飛び出しました。松井さんはちょうちょのかわりに夏みかんにぼうしをかぶせ、飛ばないように石でつばをおさえました。

車にもどると、おかっぱのかわいい女の子が、ちょこんと後ろのシートにすわっています。

㋐「道にまよったの。行っても行っても、四角い建物ばかりだもん。」

つかれたような声でした。

㋑「ええと、どちらまで。」

①「え。――ええ、あの、あのね、菜の花横町ってあるかしら。」

「菜の花橋のことですね。」

エンジンをかけたとき、遠くから、元気そうな男の子の声が近づいてきました。

㋒「あのぼうしの下さあ。お母ちゃん、本当だよ。本当のちょうちょが、いたんだもん。」

水色の新しい虫とりあみをかかえた㋐男の子が、エプロンを着けたままのお母さんの手を、ぐいぐい引っぱってきます。

②「ぼくが、あのぼうしを開けるよ。だから、お母ちゃんは、このあみでおさえてね。㋑あれっ、石がのせてあらあ。」

客席の女の子が、後ろから乗り出して、せかせかと言いました。

③「早く、おじちゃん。早く行ってちょうだい。」

④松井さんは、㋒あわててアクセルをふみました。㋓やなぎのなみ木が、みるみる後ろに流れていきます。

（令和六年度版　光村図書　国語　四上　かがやき　あまん　きみこ）

● 上の文章を読んで答えましょう。

(1) 松井さんが車にもどると、どんな女の子が、どんなふうに後ろのシートにすわっていましたか。(10×2)

おかっぱの（かわいい）女の子が、（ちょこんと）後ろのシートにすわっていました。

(2) ㋐〜㋒の言葉は、松井さん、女の子、男の子のうちの、だれが言った言葉ですか。(10×3)

㋐（女の子）　㋑（松井さん）
㋒（男の子）

(3) ㋐男の子は何を見せようと、お母さんの手を引っぱっているのですか。(10)

（ぼうしの下の）ちょうちょ

(4) 男の子が、㋑あれっ、と言ったのはなぜですか。(10)

（ぼうしに石がのせてあったから。）

(5) 松井さんは、なぜ㋒あわててアクセルをふんだのですか。(10)

（客席の女の子が、「早く、おじちゃん。早く行ってちょうだい。」と言ったから。）

(6) ㋓やなぎのなみ木が…から、車のどんな様子がわかりますか。(10)

（例）車の（・速く走っている　・スピードを出している）様子

(7) 上の文章の①〜④のときで、松井さんが車を運転しているときに○をつけましょう。(10)

①（　）　②（　）　③（　）　④（○）

6頁

白いぼうし (2)

名前

客席の女の子が、後ろから乗り出して、せかせかと言いました。
「早く、おじちゃん。早く行ってちょうだい。」
松井さんは、あわててアクセルをふみました。やなぎのなみ木が、みるみる後ろに流れていきます。

①「お母さんが、虫とりあみをかまえて、あの子がぼうしをそうっと開けたとき――。」と、ハンドルを回しながら、松井さんは思います。「あの子は、どんなに目を丸くしただろう。」

すると、ぽかっと口を0《オー》の字に開けている男の子の顔が、見えてきます。㋐「おどろいただろうな。まほうのみかんと思うかな。なにしろ、ちょうが化けたんだから――。」

②「ふふふっ。」

㋑ひとりでにわらいがこみ上げてきました。

でも、次に、

㋒「おや。」

松井さんはあわてました。バックミラーには、だれもうつっていません。ふり返っても、だれもいません。

③「おかしいな。」

松井さんは車を止めて、㋓考え考え、㋔まどの外を見ました。

そこは、小さな団地《だん》の前の小さな野原でした。

（令和六年度版　光村図書　国語　四上　かがやき　あまん　きみこ）

● 上の文章を読んで答えましょう。

(1) ㋐おどろいただろうなとありますが、松井さんが想ぞうした男の子の、おどろいている様子を二つ書きましょう。(14×2)

・（目を丸くした。）

・（ぽかっと口を0の字に開けている。）

(2) ㋑ひとりでにわらいが…とありますが、松井さんはどんなことを想ぞうして、わらいがこみあげてきたのですか。(10×2)

男の子がぼうしを開けたとき、（ちょう）が（みかん）に化けたのを見ておどろく様子。

(3) 松井さんが、㋒おやと言ったのは、なぜですか。(14)

（バックミラーに、だれもうつっていないから。）

(4) ㋓考え考えとありますが、松井さんは、何を考えていたと思いますか。(14)

（例）（後ろのシートにすわっていた女の子が、どこに行ってしまったのかを考えていた。）

(5) 車の㋔まどの外は、どんな場所でしたか。(14)

（小さな団地の前の小さな野原。）

(6) 松井さんが、女の子のことを考え始めたのは、文中の①②③のどこからですか。一つに○をつけましょう。(10)

①（　）　②（　）　③（○）

解答例

本書の解答は，あくまでもひとつの例です。児童に取り組ませる前に，必ず指導される方が問題を解いてください。指導される方の作られた解答をもとに，児童の多様な考えに寄り添って○つけをお願いします。

7頁

白いぼうし (3)

名前

そこは、小さな団《だん》地の前の小さな野原でした。

白いちょうが、㋐二十も三十も、いえ、もっとたくさん飛んでいました。クローバーが青々と広がり、わた毛と黄色の花の交ざった㋑たんぽぽが、点々のもようになってさいています。その上を、おどるように飛んでいるちょうをぼんやり見ているうち、松井さんには、㋒こんな声が聞こえてきました。

「よかったね。」

「よかったよ。」

「よかったね。」

「よかったよ。」

それは、シャボン玉のはじけるような、㋓小さな声でした。

車の中には、まだかすかに、夏みかんのにおいが㋔のこっています。

（令和六年度版　光村図書　国語　四上　かがやき　あまん　きみこ）

● 上の文章を読んで答えましょう。

(1) 何《なに》が、どれぐらい、㋐飛んでいましたか。(12×2)

（白いちょう）が（二十《どれぐらい》も三十も、いえ、もっとたくさん）飛んでいました。

(2) どんなたんぽぽが、さいていますか。(12)

（わた毛と黄色の花の交ざったたんぽぽ）

(3) 松井さんに聞こえてきた㋒こんな声を、文中からさがし、五文字で二つ書きましょう。(12×2)

よかったね

よかったよ

(4) ㋓小さな声をくわしく表している言葉を、文中から書き出しましょう。(12)

（シャボン玉のはじけるような）

(5) 車の中に、かすかに㋔のこっているのは何ですか。(12)

（夏みかんのにおい）

(6) 「よかったね。」「よかったよ。」は、だれとだれの声だと思いますか。あなたの考えを書きましょう。(16)

（略）

8頁

図書館の達人になろう

名前

(1) 次の「図書館で本をさがす方法」の説明としてあてはまるものを□からえらんで、記号で答えましょう。(10×4)

（ウ）たなの番号からさがす。

（ア）本のラベルを見る。

（エ）司書の先生にきく。

（イ）百科事典や図鑑《かん》で調べる。

㋐ 本の背《せ》にはられているものを見る。それには、分類番号や作者の名前の一文字目が書かれている。
㋑ いろいろなことを広く調べることができる本から、よりくわしい本をさがす。
㋒ 分類表によって分類された本が、番号別にたなごとにおかれているので、そこからさがす。
㋓ 本にくわしい人に聞いて、さがす。

(2) 図書館での、次の場合の本のさがし方について、よりよい方に○をつけましょう。(10×2)

① すきな作家の本を読みたい場合

（○）ラベルを見て、すきな作家の名前の一音目からさがす。

（　）今、話題になっている本や、新しく入った本が、まとめておいてあるコーナーからさがす。

② 鉄道について知りたい場合

（　）分類番号から、「ぎじゅつや機械の本」がおいてあるたなをさがし、一さつずつたしかめる。

（○）鉄道について書かれている図鑑をさがす。

(3) 調べたいことがのっている本を一さつ読み、記録カードを書きましょう。(40)

記録カード　月　日

・調べること

略

・分かったこと

・使った本

9頁

漢字辞典を使おう

名前

(1) 漢字辞典の説明として、正しいものには○、まちがっているものには×をつけましょう。(3×4)

（○）漢字を、部首べつに分類している。

（×）画数の多いものから順にならべている。

（×）漢字の読み方も部首も分からない場合、調べることができない。

（○）三つのさくいんがついており、そのどれかを使って、調べることができる。

(2) 漢字辞典で「池」という漢字をさがします。次の①～③は、どのさくいんを使ったものですか。□からえらんで、（　）に記号を書きましょう。(5×3)

① 「池」の総《そう》画数を数えて、その画数のところから調べる。（ウ）

② 「氵」の画数を調べてから、「氵」のページを見つけて調べる。（イ）

③ 音読みの「チ」か、訓読みの「いけ」で調べる。（ア）

㋐ 音訓さくいん
㋑ 部首さくいん
㋒ 総画さくいん

(3) 「音訓さくいん」で調べるために、次の漢字の読みがなを□に書きましょう。また、先に出てくる方の漢字の（　）に○をつけましょう。(4×6)

① 音読みで読みましょう。

森 しん（　）
書 しょ（○）

② 訓読みで読みましょう。

歌 うた（○）
海 うみ（　）

(4) 「部首さくいん」で調べるために、次の漢字の部首を□に、その部首の画数を（　）に漢数字で書きましょう。(6×4)

① 校　木（四画）
② 絵　糸（六画）
③ 草　艹（三画）
④ 週　辶（三画）

(5) 「総画さくいん」で調べるために、次の漢字の正しい総画数を○でかこみましょう。(5×5)

① 青（七画・〔八画〕・九画）
② 社（〔七画〕・八画・九画）
③ 辺（四画・〔五画〕・六画）
④ 陽（十画・十一画・〔十二画〕）
⑤ 橋（〔十六画〕・十七画・十八画）

10頁

きせつの言葉ー 春の楽しみ

名前

1 次の三月～五月のべつの言い方を下からえらび、――線でむすびましょう。(6×3)

① 三月 ― 弥生《やよい》
② 四月 ― 卯月《うづき》
③ 五月 ― 皐月《さつき》

2 ――の部分を漢字にして、次の言葉を（　）に書きましょう。(7×4)

① ひなまつり（ひな祭り）
② はなざかり（花ざかり）
③ はちじゅうはちや（八十八夜）
④ しんちゃ（新茶）

3 次の文は、あとの□の中の、どの言葉をせつ明していますか。（　）に記号を書きましょう。(7×2)

(1) （ウ）水面に散った花びらが連なって流れる様子を「いかだ」に見立てた言葉。「いかだ」とは、水にうかべるふねのようなもの。

(2) （ア）二月四日ごろの立春から数えて八十八日目の、五月二日ごろに行われる。

㋐ 茶つみ　㋑ ひしもち　㋒ 花いかだ

4 次の俳句《はいく》について答えましょう。

(1)

雛壇《ひなだん》や／襖《ふすま》はらひ《(い)》て／はるかより

水原《みずはら》　秋櫻子《しゅうおうし》

（令和六年度版　光村図書　国語　四上　かがやき　「春の楽しみ」による）

① この俳句の季《き》語を、ひらがな四文字で書きましょう。(10)

ひなだん

② 五七五のリズムで読めるように、俳句を／線で区切りましょう。(10)

(2)

空をゆく／一《ひと》かたまりの／花吹雪《ふぶき》

高野《たかの》　素十《すじゅう》

（令和六年度版　光村図書　国語　四上　かがやき　「春の楽しみ」による）

① この俳句の季語を、ひらがな五文字で書きましょう。(10)

はなふぶき

② 五七五のリズムで読めるように、俳句を／線で区切りましょう。(10)

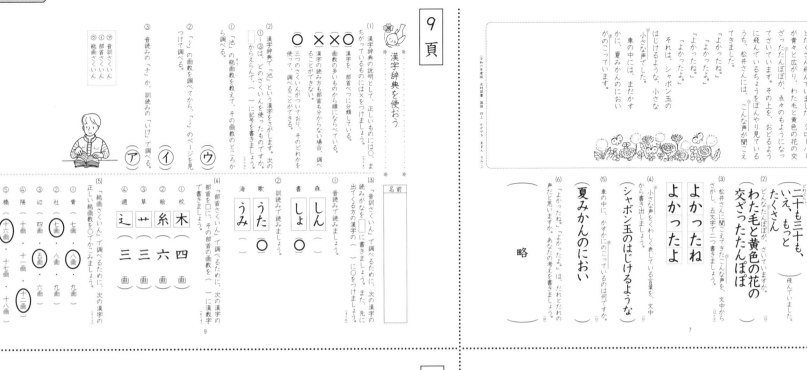

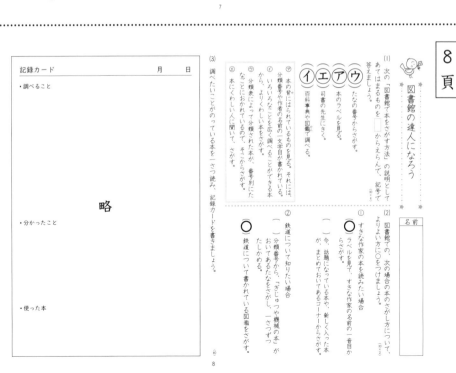

解答例

11頁

聞き取りメモのくふう　話し方や聞き方からつたわること

名前

□ 聞きとりメモのくふう

● 小森先生の小学生のころのお話を読んで答えましょう。

先生の小学生のころの一ばんの思い出は、夏の野球の大会でゆう勝したことです。ちいきの野球チームに入って、週に五回、小学校の運動場で練習していました。先生は、キャッチャーで、七番バッターでした。いつも練習着が真っ黒になるまでがんばって練習しました。ゆう勝したときはうれしかったです。

もう一つの思い出は、夏休みに、毎年おじいちゃんの家に遊びに行ったことです。行くと、毎回おじいちゃんとせいくらべをしました。えんがわの柱でせの高さをはかって、小刀で柱にきずをつけて目じるしにしました。おじいちゃんは、行くたびに先生のせがのびていることを、とてもよろこんでくれました。

○ 次の二つのメモは、小森先生のお話を聞いた、川島さんと、島田さんのメモです。それぞれのくふうを［　］からえらび、（　）に記号で答えましょう。

■川島さんのメモ

小森せんせい　おもいで
㋳
大会でゆうしょう
練習しゅう5
しょうがっこう
キャッチャー
7ばん　バッター
がんばってれんしゅう
㋔
おじいちゃんのいえ
おじいちゃんせいくらべ
えんがわ　柱にしるし
→せいがのびている
→おじいちゃんよろこぶ

【くふう】（ア）（ウ）

■島田さんのメモ

小森先生の思い出
〈野球〉
・夏の大会でゆう勝
・週五回
・小学校の運動場
・キャッチャー
・七番バッター
〈おじいちゃんの家〉
・せいくらべ
・えん…
・柱にしるし
・行くたびにせがのびている
・おじいちゃんがよろこぶ

【くふう】（イ）（エ）

㋐ ○を使って見出しを一字で書いている。
㋑ 〈　〉を使って見出しを分かりやすくしている。
㋒ 漢字にこだわらずに、平がなで書いている。
㋓ 後でたしかめたいことに――を引いている。

□ 話し方や聞き方から伝わること

㋐
今日はじめて、とびばこ六だん　とべたんだよ。
そう、それはよかったね。
ひなたさん
㋑
今日はじめて、とびばこ六だん　とべたんだよ。
そう、それはよかったね。
ひなたさん

(1) 右の絵を見て答えましょう。㋐と㋑の場面で、ひなたさんはどんな気もちになったでしょうか。（　）に㋐、㋑の記号を書きましょう。

（あ）きちんと話を聞いてくれないので、いい気持ちがしない。

（い）きちんと話を聞いてもらえて、うれしくなる。

㋒
わたしが言ったこと、まちがっていたかな。
（間をおかず）そんなことないよ。
ひなたさん
㋓
わたしが言ったこと、まちがっていたかな。
（間をおいて）そんなことないよ。
ひなたさん

(2) 右の絵を見て答えましょう。
㋒のように間をおかずに返事をするのと、㋓のように間をおいて返事をするのでは、ひなたさんの受け止め方はどうかわるのでしょうか。あなたの考えを書きましょう。

（略）

12頁

ガンジーはかせの都道府県の旅 1

名前

● ――線の都道府県名の読みがなを（　）に書きましょう。

① （ほっかいどう）
北海道は、ジャガイモや玉ネギの生産《さん》がさかんだ。

② （あおもりけん）
青森県は、リンゴが有名だ。

③ （いわてけん）
岩手県で、わんこそばを食べる。

④ （みやぎけん）
伊達政宗《だてまさむね》は、宮城県を代表する人物だ。

⑤ （あきたけん）
なまはげは、秋田県に伝わる伝とう行事だ。

⑥ （やまがたけん）
山形県の特《とく》産品は、サクランボだ。

⑦ （ふくしまけん）
福島県の工芸《げい》品に、赤べこがある。

⑧ （いばらきけん）
茨城県は、納豆《なっとう》が有名だ。

⑨ （とちぎけん）
日光東照宮《にっこうとうしょうぐう》は、栃木県にある。

⑩ （ぐんまけん）
群馬県には、温せんが多くある。

⑪ （さいたまけん）
埼玉県は、渋沢栄一《しぶさわえいいち》ゆかりの地だ。

⑫ （ちばけん）
千葉県には、有名なテーマパークがある。

⑬ （とうきょうと）
東京都は、日本の首都である。

⑭ （かながわけん）
神奈川県には、大きな港がある。

⑮ （にいがたけん）
新潟県は、お米の生産量が日本一だ。

⑯ （とやまけん）
富山県には、大きなダムがある。

⑰ （いしかわけん）
石川県の兼六園《けんろくえん》は、日本三大名園の一つだ。

⑱ （ふくいけん）
福井県は、メガネ作りがさかんだ。

⑲ （やまなしけん）
山梨県で、ほうとうを食べる。

⑳ （ながのけん）
長野県は、ブドウの産地だ。

㉑ （ぎふけん）
岐阜県の白川郷《しらかわごう》は、合掌造《がっしょうづく》りで有名だ。

㉒ （しずおかけん）
富士山《ふじさん》は、静岡県からよく見える。

㉓ （あいちけん）
愛知県では、みそを使った料理が人気だ。

㉔ （みえけん）
三重県の伊勢神宮《いせじんぐう》は、パワースポットとして知られている。

13頁

思いやりのデザイン（全文読解《どっかい》）

名前

教科書

「思いやりのデザイン」を読んで答えましょう。

(1) この「思いやりのデザイン」の文を「初め」・「中」・「終わり」に分けたとき、①〜⑤の段落は、どこにあてはまりますか。（　）に①〜⑤のばん号で答えましょう。※一つの（　）に二つのばん号が入ることもあります。(5×3)
・初め（①・②）
・中（③・④）
・終わり（⑤）

(2) この文章の「中」には、どんなことが書かれていますか。あてはまるものに○をつけましょう。(5)
（　）インフォグラフィックスの説明
（　）文全体のまとめ
（○）まちの案内図の例

(3) ● ①段落を読んで答えましょう。
次の文はインフォグラフィックスを説明した文です。（　）にあてはまる言葉を［　］からえらんで書きましょう。(5×5)
・（伝えたい）ことを、絵や（図（文字））、（文字（図））を組み合わせて見える形にしたもの。
・（インフォメーション）と（グラフィックス）を合わせた言葉。
（グラフィックス）

（インフォメーション）

［図　文字　インフォメーション　グラフィックス　伝えたい］

(4) ● ②段落を読んで答えましょう。
わたしがインフォグラフィックスを作るときに大切にしていることは、何ですか。(10)

相手の立場から考えること。

(5) ● ③④段落を読んで答えましょう。
③と④の段落では、案内図の例をくらべて、それぞれのちがいを説明しています。次の㋐〜㋒の文は、Aの案内図かBの案内図、どちらのことを説明していますか。［　］の説明を読んでAかBを（　）に書きましょう。※教科書の図も見ましょう。(5×3)
㋐（A）まちに来た多くの人の役に立つ。

㋑（B）まち全体の様子を知りたい人には十分なものではない。

㋒（B）目的地が決まっている人にとっては、まよわず安心して目的地に向かえる。


［・Aの案内図…どこにどんな建物があるかを、だれが見ても分かるように表している。たくさんの道や目印がある。
・Bの案内図…目的地までの道順と目印になる建物だけを表している。］

(6) ● ⑤段落を読んで答えましょう。
インフォグラフィックスを作るときには、何が大切だといっていますか。（　）にあてはまる言葉を［　］からえらんで書きましょう。(5×3)
相手の（目的）に合わせて、どう見えると（分かりやすい）のかを考えながら（デザイン）すること。

［分かりやすい　目的　デザイン］

(7) インフォグラフィックスは、どんなデザインだと筆者はいっていますか。(完15)
見る人の立場に立って作る、思いやりのデザイン。

14頁

アップとルーズで伝える（1）

名前

テレビでサッカーの試合を放送しています。今はハーフタイム。もうすぐ後半が始まろうとするところで、㋐画面には会場全体がうつし出されています。両チームの選手たちは、コート全体に広がって、体を動かしています。観客席は、ほぼまんいんといっていいでしょう。おうえんするチームの、チームカラーの洋服などを身に着けた人たちでうまっています。会場全体が、静かに、こうふんをおさえて、開始を待ち受けている感じが伝わります。

いよいよ後半が始まります。㋑画面は、コートの中央に立つ選手をうつし出しました。ホイッスルと同時にボールをける選手です。顔を上げて、ボールをける方向を見ているようです。

㋒初めの画面のように、広いはんいをうつすとり方を「ルーズ」といいます。㋓次の画面のように、ある部分を大きくうつすとり方を「アップ」といいます。何かを伝えるときには、このアップとルーズを選んだり、組み合わせたりすることが大切です。アップとルーズでは、どんなちがいがあるのでしょう。

（令和六年度版　光村図書　国語　四上　かがやき　中谷《なかや》　日出《ひで》）

● 上の文章を読んで答えましょう。

(1) ㋐画面について答えましょう。
① ㋐の画面には、何がうつし出されていますか。四文字で書き出しましょう。(10)
会場全体
② 両チームの選手たちの様子を書きましょう。(10)
（コート全体に広がって、体を動かしています。）
③ ㋐の画面から、会場全体のどんな感じが伝わりますか。(15)
（静かに、こうふんをおさえて、開始を待ち受けている感じ。）

(2) ㋑画面について答えましょう。
① ㋑の画面は、何をうつし出しましたか。(10)
（コートの中央に立つ選手。）
② ボールをける選手の様子を書きましょう。(15)
（顔を上げて、ボールをける方向を見ているようです。）

(3) ㋒初めの画面と㋓次の画面のとり方を、何といいますか。また、どんなとり方ですか。(10×4)
㋒（ルーズ）といい、（広いはんいをうつす）とり方。

㋓（アップ）といい、（ある部分を大きくうつす）とり方。

解答例

本書の解答は，あくまでもひとつの例です。児童に取り組ませる前に，必ず指導される方が問題を解いてください。指導される方の作られた解答をもとに，児童の多様な考えに寄り添って○つけをお願いします。

15頁

アップとルーズで伝える (2)

名前

アップでとった㋐ゴール直後のシーンを見てみましょう。ゴールを決めた選手が両手を広げて走っています。ひたいにあせを光らせ、口を大きく開けて、全身でよろこびを表しながら走る選手の様子がよく伝わります。㋑アップでとると、細かい部分の様子がよく分かります。しかし、このとき、ゴールを決められたチームの選手は、どんな様子でいるのでしょう。それぞれのおうえん席の様子はどうなのでしょう。走っている選手いがいの、うつされていない多くの部分のことは、アップでは分かりません。

㋒試合終了《りょう》直後のシーンを見てみましょう。勝ったチームのおうえん席です。あちこちでふられる旗、たれまく、立ち上がっている観客と、それに向かって手をあげる選手たち。選手とおうえんした人たちとが一体となって、勝利をよろこび合っています。㋓ルーズでとると、広いはんいの様子がよく分かります。でも、各《かく》選手の顔つきや視《し》線、それらから感じられる気持ちまでは、なかなか分かりません。

このように、アップとルーズには、それぞれ伝えられることと伝えられないことがあります。それで、テレビでは、ふつう、何台ものカメラを用意していろいろなうつし方をし、目的におうじてアップとルーズを切りかえながら放送をしています。

（令和六年度版　光村図書　国語　四上　かがやき　中谷《なかや》　日出《ひで》）

● 上の文章を読んで答えましょう。

(1) ① ㋐ゴール直後のシーンについて答えましょう。
次のどちらのとり方でとられていますか。○をつけましょう。

アップ（ ○ ）　ルーズ（ 　 ）　(6)

② ゴールを決めた選手の、どんな様子が伝わりますか。（ ）にあてはまる言葉を書きましょう。(10×2)
両手を広げて走っています。
ひたいに（ あせを光らせ ）、
口を大きく開けて、全身で
（ よろこびを表しながら ）走る様子。

(2) ㋑アップでとると、よく分かることはどんなことですか。(10)
細かい部分の様子

(3) アップでは分からない、うつされていない、ゴール直後のシーンを、文中から見つけ二つ書きましょう。(10×2)
・（ ゴールを決められたチームの選手 ）の様子。
・（ それぞれのおうえん席 ）の様子。

(4) ㋒試合終了直後のシーンについて答えましょう。
① どこをとっていますか。(10)
（ 勝ったチームのおうえん席 ）

② 次のどちらのとり方でとられていますか。○をつけましょう。(6)
アップ（ 　 ）　ルーズ（ ○ ）

(5) ルーズでとるとよく分かることは、どんなことですか。(10)
広いはんいの様子

(6) ルーズでとると、なかなか分からないことを書きましょう。(6×3)
各選手の（ 顔つき ）や（ 視線 ）、それらから感じられる（ 気持ち ）。

16頁

アップとルーズで伝える (3)

名前

写真にも、アップでとったものとルーズでとったものがあります。新聞を見ると、伝えたい内容《よう》に合わせて、どちらかの写真が使われていることが分かります。紙面の広さによっては、㋐それらを組み合わせることもあります。取材のときには、いろいろな角度やきょりから、多くの写真をとっています。そして、㋑その中から目的にいちばん合うものを選んで使うようにしています。

㋒同じ場面でも、アップとルーズのどちらで伝えるかによって伝わる内容がかわってしまう場合があります。だからこそ、送り手は伝えたいことに合わせて、アップとルーズを選んだり、組み合わせたりする必要があるのです。みなさんも、クラスの友達や学校のみんなに何かを伝えたいと思うことがあるでしょう。そのときには、ある部分を細かく伝える「アップ」と、広いはんいの様子を伝える「ルーズ」があることを思い出しましょう。そうすることで、あなたの伝えたいことをより分かりやすく、受け手にとどけることができるはずです。

（令和六年度版　光村図書　国語　四上　かがやき　中谷《なかや》　日出《ひで》）

● 上の文章を読んで答えましょう。

(1) ㋐それらは、何を指していますか。(10×2)
（ アップでとった ）写真と
（ ルーズでとった ）写真。

(2) 新聞での写真の使われ方で、正しいもの三つに○をつけましょう。(8×3)
（ ○ ）伝えたい内容に合わせて使う。

（ ○ ）紙面の広さによって、組み合わせて使う。

（ 　 ）できるだけアップでとった写真を使う。

（ ○ ）目的にいちばん合うものを使う。

（ 　 ）取材のときにとった写真を、全て使う。

(3) ㋑そのは、何を指していますか。五文字で書きましょう。(10)
多くの写真

(4) ㋒同じ場面でも、アップとルーズのどちらで伝えるかで、何がかわってしまいますか。(10)
（ 伝わる内容 ）

(5) 「アップ」と「ルーズ」について答えましょう。
① それぞれ、どんなことを伝えますか。(10×2)
・「アップ」（ ある部分を細かく ）伝える。
・「ルーズ」（ 広いはんいの様子 ）を伝える。

② □の㋐〜㋓の様子は「アップ」と「ルーズ」、どちらでとると、より分かりやすいですか。それぞれの下の（ ）に、あてはまる記号を書きましょう。(8×2)
・「アップ」（ ㋑㋒ ）・「ルーズ」（ ㋐㋓ ）

㋐ 遠足で行った山の景色。
㋑ ちょうが花のみつをすう様子。
㋒ 運動会のリレーで最初にゴールした人の様子。
㋓ 音楽会でクラス全員で歌っている様子。

17頁

お礼の気持ちを伝えよう

名前

(1) お礼の気持ちを伝える手紙を書く手順について、（ ）にあてはまる言葉を□から選んで書きましょう。(5×8)

① 相手と内容《よう》を考える。
――（ だれ ）に、（ どんなこと ）についてお礼を伝えるかを決める。

② 手紙の型《かた》にそって、書く内容をたしかめる。
――（ まとまり ）ごとに、書く内容をたしかめる。

③ 手紙を書いて、読み返す。
――（ ていねい ）に書く。書き終わったら、字の（ まちがい ）がないかなどをたしかめる。

④ 手紙を送る。
――ふうとうの表に（ 相手 ）、うらに（ 自分 ）の、ゆうびん番号、住所、（ 名前 ）を書いて、送る。

まとまり　自分　どんなこと　名前　まちがい　相手　だれ　ていねい

(2) 次のお礼の手紙の文章を読んで、答えましょう。

①
緑がまぶしい季節となりました。森山さんはお元気ですか。先週、さくら祭りについて教えていただいた、長山小学校四年一組の安田実夏です。

②
この間は、お祭りのれきしについて、くわしく教えてくださり、本当にありがとうございました。昔の写真や、お祭りで使われている道具を見せてくださったので、とてもよく分かりました。クラスで発表したら、みんなもおどろいていました。来年のお祭りが、いつもより楽しみです。

③
これからもお体に気をつけてください。さようなら。

④
五月十五日
安田実夏
森山幸二様

（令和六年度版　光村図書　国語　四上　かがやき　「お礼の気持ちを伝えよう」による）

(1) 上の手紙の①〜④は、手紙の型では、何という部分ですか。□から選んで、（ ）に記号で答えましょう。(10×4)
① （ ㋑ ）　② （ ㋓ ）
③ （ ㋒ ）　④ （ ㋐ ）

㋐ 後づけ　㋑ 初めのあいさつ
㋒ むすびのあいさつ　㋓ 本文

(2) この手紙は、だれが、だれに、どんなことについてお礼を伝えたものですか。
・だれが（名前）
（ 安田実夏 ）さん (5)
・だれに（名前）
（ 森山幸二 ）さん (5)
・どんなこと
(例)（ さくら祭りのれきしについて、くわしく教えてくださったこと。 ）(10)

18頁

一つの花 (1)

名前

「なんてかわいそうな子でしょうね。一つだけちょうだいと言えば、何でももらえると思ってるのね。」

あるとき、お母さんが言いました。

すると、お父さんが、深いため息をついて言いました。

「この子は、一生、みんなちょうだい、山ほどちょうだいと言って、両手を出すことを知らずにすごすかもしれないね。一つだけのいも、一つだけのにぎり飯、一つだけのかぼちゃのにつけ――。みんな一つだけ。一つだけのよろこびさ。いや、よろこびなんて、一つだってもらえないかもしれないんだね。いったい、大きくなって、どんな子に育つだろう。」

㋐そんなとき、お父さんは、決まってゆみ子をめちゃくちゃに高い高いするのでした。

それからまもなく、あまりじょうぶでないゆみ子のお父さんも、戦争に㋑行かなければならない日がやって来ました。

お父さんが戦争に行く日、ゆみ子は、お母さんにおぶわれて、遠い汽車の駅まで送っていきました。頭には、お母さんの作ってくれた、わた入れの防《ぼう》空頭巾《きん》をかぶっていきました。

お母さんの㋒かたにかかっているかばんには、包帯、お薬、配給のきっぷ、そして、大事なお米で作ったおにぎりが入っていました。

ゆみ子は、おにぎりが入っているのをちゃあんと知っていましたので、

「一つだけちょうだい、おじぎり、一つだけちょうだい。」

と言って、駅に着くまでにみんな食べてしまいました。お母さんは、戦争に行くお父さんに、ゆみ子の泣き顔を見せたくなかったのでしょうか。

（令和六年度版　光村図書　国語　四上　かがやき　今西《いまにし》　祐行《すけゆき》）

● 上の文章を読んで答えましょう。

(1) この文章の登場人物を三人書きましょう。(7×3)
（ お父さん ）（ お母さん ）（ ゆみ子 ）

(2) ゆみ子は、一つだけちょうだいと言えば、どうなると思っていますか。(7)
（ 何でももらえると思っている。 ）

(3) ㋐そんなときについて、答えましょう。
① そんなときとは、どんなときですか。あてはまる方に○をつけましょう。(4)
（ 　 ）ゆみ子が「みんなちょうだい、山ほどちょうだい。」と言ったとき。

（ ○ ）「ゆみ子はいったい、大きくなって、どんな子に育つだろう。」と、お父さんが考えたとき。

② そんなとき、お父さんは何をするのですか。(8)
（ ゆみ子をめちゃくちゃに高い高いする。 ）

(4) ㋑お父さんが戦争に行く日、だれが、だれを、どこまで送っていきましたか。(7×4)
・だれが（ お母さん ）と（ ゆみ子 ）
・だれを（ お父さん ）・どこまで（ 遠い汽車の駅 ）まで

(5) お母さんの㋒かばんには、何が入っていましたか。(7×4)
（ 包帯 ）、（ お薬 ）、（ 配給のきっぷ ）、そして、（ 大事なお米で作ったおにぎり ）。

(6) お父さんに、ゆみ子の泣き顔を見せたくなかったお母さんは、ゆみ子に、何をしましたか。一つに○をつけましょう。(4)
（ 　 ）おにぎりを、一つあげた。

（ 　 ）おにぎりを、二つあげた。

（ ○ ）おにぎりを、全部あげた。

19頁

一つの花 (2)

名前

㋐、いよいよ汽車が入ってくるというときになって、またゆみ子の「一つだけちょうだい。」が始まったのです。

「みんなおやりよ、母さん。おにぎりを――。」

お父さんが言いました。

「ええ、もう食べちゃったんですの――。ゆみちゃん、いいわねえ。お父ちゃん、兵隊ちゃんになるんだって。ばんざあいって――。」

お母さんは、そう言ってゆみ子をあやしましたが、ゆみ子は、㋑泣きだしてしまいました。

「一つだけ。一つだけ。」

と言って。

お母さんが、ゆみ子を一生けんめいあやしているうちに、お父さんが、ぶいといなくなってしまいました。

お父さんは、プラットホームのはしっぽの、ごみすて場のような所に、わすれられたようにさいていたコスモスの花を見つけたのです。あわてて帰ってきたお父さんの手には、一輪のコスモスの花がありました。

「ゆみ。さあ、一つだけあげよう。一つだけのお花、大事にするんだよう――。」

ゆみ子は、お父さんに花をもらうと、キャッキャッと足をばたつかせてよろこびました。

お父さんは、それを見てにっこりわらうと、何も言わずに、汽車に乗って行ってしまいました。ゆみ子のにぎっている、一つの花を見つめながら――。

（令和六年度版　光村図書　国語　四上　かがやき　今西《いまにし》　祐行《すけゆき》）

● 上の文章を読んで答えましょう。

(1) ㋐と㋑に入る言葉を［　］から選び、（　）に書きましょう。（5×2）

［はじめに　とうとう　ところが］

㋐（ところが）　㋑（とうとう）

(2) ゆみこは、泣きだしてしまいましたについて答えましょう。

① ゆみ子は、何と言って泣きだしましたか。⑩
（一つだけ。一つだけ。）

② お母さんは、何をしましたか。⑩
（ゆみ子を一生けんめいあやした。）

③ お父さんは、どんなことをしましたか。（　）にあてはまる言葉を書きましょう。（10×3）
プラットホームのはしっぽの、（ごみすて場）のような所に、（わすれられた）ようにさいていた（コスモス）の花を一輪つんで、ゆみ子にあげた。

(3) 一輪のコスモスの花を、お父さんは、ゆみ子に何と言ってあげましたか。（10×2）
「［一つだけ］のお花、［大事］にするんだよう――。」

(4) お父さんは、それを見てとありますが、「それ」とは、何を指していますか。⑩
（キャッキャッと足をばたつかせてよろこぶゆみ子の様子。）

(5) お父さんが、汽車に乗って行ってしまうときに、見つめていたものは何ですか。⑩
（ゆみ子のにぎっている、一つの花。）

20頁

一つの花 (3)（全文読解《どっかい》）

教科書　「一つの花」を読んで答えましょう。

名前

(1) この物語の登場人物を書きましょう。（5×3）
（ゆみ子）（（ゆみ子の）お母さん）（（ゆみ子の）お父さん）

(2)［順不同］次の問いに答えましょう。

1（場面）

① ゆみ子が最初にはっきりおぼえた言葉は何でしたか。⑩
（「一つだけちょうだい。」）

② お母さんは、ゆみ子に何と言って自分の分から一つ分けてあげましたか。⑩
（「じゃあね、一つだけよ。」）

2

③ お父さんは、ゆみ子のしょうらいについて、どんな心配をしていますか。（5×2）
（一つだけ）ちょうだいとしか言えずに、一つだけの（よろこび）さえもらえないかもしれない。いったい大きくなって、どんな子に育つだろう。

④ お父さんはどんな気持ちでゆみ子をめちゃくちゃに高い高いしたのでしょう。あなたの考えを書きましょう。⑩
（例）（何ひとつゆみ子にまんぞくにあたえることができない…。せめてこれぐらいしてゆみ子をよろこばせてやりたい…。）

⑤ お母さんがゆみ子におにぎりを全部食べさせたのはどうしてですか。⑩
（戦争に行くお父さんに、ゆみ子の泣き顔を見せたくなかったから。）

⑥ 「一つだけ。一つだけ。」と泣きだしたゆみ子にお父さんはどうしましたか。⑩
（一輪のコスモスの花をあげた。）

3

⑦ 十年の年月《としつき》がすぎ、ゆみ子の家は何でいっぱいに包まれていますか。⑩
（コスモスの花）

(3) 3の場面では、「一つだけ」という言葉が出てきません。それはどうしてだと思いますか。あなたの考えを書きましょう。⑩
（例）（戦争も終わり、お肉やお魚を買うことができるほど生活も豊かになってきたから。）

(4) この物語を読んだ感想を書きましょう。（5）
略

21頁

つなぎ言葉のはたらきを知ろう (1)

名前

(1) 次の（　）に合うつなぎ言葉を［　］から選んで書きましょう。（8×8）

① 健康は大切だ。（だから）、栄養とすいみんをしっかり取ろう。

② 上田さんは、家族で服を買いに行った。（しかし）、気に入ったものは見つからなかった。

③ このおかしは安い。（しかも）、とてもおいしい。

④ 今度の休日は、動物園に行きますか。（それとも）、水族館に行きますか。

⑤ あの女の人は、母の姉だ。（つまり）、わたしのおばだ。

⑥ この話は、ここまでにしましょう。（では）、明日の遠足の話をします。

⑦ わたしは、プリンが好きだ。（なぜなら）、あまくておいしいからだ。

⑧ わたしは、国語がとく意だ。（いっぽう）、弟は算数がとく意だ。

［だから　しかも　それとも　なぜなら　しかし　つまり　では　いっぽう］

(2) 次の文の（　）に①、②のつなぎ言葉を入れると、どんな気持ちを表すことができますか。あてはまるものを――線でむすびましょう。（6×2）

［一位をめざして、いっしょうけんめい走った。（　）、二位だった。］

① だから　　二位になってくやしい気持ち
② しかし　　二位になってよかったという気持ち

（①と②を線でむすぶ：①だから―二位になってよかったという気持ち、②しかし―二位になってくやしい気持ち）

(3) ――線に気をつけて、次のA、Bの文の続きを考えて書きましょう。（6×4）

①
A テスーのために、勉強をがんばった。けれども、
（例）（よい点がとれなかった。）
B テスーのために、勉強をがんばった。それで、
（例）（よい点をとることができた。）

②
A わたしは、音楽を聞くことが好きだ。なぜなら、
（例）（楽しい気持ちになるからだ。）
B わたしは、音楽を聞くことが好きだ。それに、
（例）（本を読むことも好きだ。）

22頁

つなぎ言葉のはたらきを知ろう (2)

名前

(1) 次のはたらきにあてはまるつなぎ言葉の例が一つずつ書いてあります。同じようなはたらきのつなぎ言葉を［　］から選んで、（　）に書きましょう。（7×6）

① 前の文を理由とする文や、前の文から予想される文が、次に来ることを表す。
〈例〉だから　（そのため）

② 前の文と反対になるような文や、前の文から予想されない文が、次に来ることを表す。
〈例〉しかし　（けれども）

③ 前と後ろの文が、同じようにならんでいることを表す。前の文に、後ろの文をつけくわえることを表す。
〈例〉また　（そして）

④ 前の文と後ろの文をくらべたり、どちらかを選んだりすることを表す。
〈例〉それとも　（または）

⑤ 前の文についての説明を表す。
〈例〉つまり　（例えば）

⑥ 話題をかえることを表す。
〈例〉では　（ところで）

［けれども　ところで　または　そのため　例えば　そして］

(2) 次の文の続きとして、あてはまる方に○をつけましょう。（8×6）

① 雨がふりそうだ。そのため、――
（　）かさを持っていかない。

（○）かさを持っていく。

② 毎日、練習をがんばった。でも、――
（　）試合に勝つことができた。

（○）試合に勝てなかった。

③ 山田さんは、ピアノが上手だ。しかも、――
（○）バイオリンもひける。

（　）バイオリンはひけない。

④ わたしは、花が好きです。例えば、――
（　）虫も好きです。

（○）満開のサクラが好きです。

⑤ テストで満点をとった。なぜなら、――
（○）毎日、勉強をがんばったからだ。

（　）勉強をあまりしなかったからだ。

⑥ わたしは、夕食にハンバーグが食べたい。または、――
（○）オムライスが食べたい。

（　）オムライスを食べた。

(3) 次の文は、どんな気持ちを表していますか。あてはまる方に○をつけましょう。⑩

［テストで満点をとるために、いっしょうけんめい勉強した。しかし、90点だった。］

（　）90点をとってうれしい。

（○）90点をとってくやしい。

本書の解答は，あくまでもひとつの例です。児童に取り組ませる前に，必ず指導される方が問題を解いてください。指導される方の作られた解答をもとに，児童の多様な考えに寄り添って○つけをお願いします。

23頁

短歌・俳句《はいく》に親しもう（一）

(1) 次の短歌と解説《かい》を読んで答えましょう。

Ⓐ 石走る《いわばし》/垂水《たるみ》の上の/さわらびの/萌《も》え出《い》づ（ず）る春に/なりにけるかも　志貴《しきのみこ》 皇子

（解説）岩の上をいきおいよく流れるたきのそばの、わらびが芽を出す春になったのだなあ

Ⓘ 君がため/春の野に出《い》でて/若菜摘《わかなつ》む/我《わ》が衣手《ころもで》に/雪は降《ふ》りつつ　光孝天皇《こうこうてんのう》

（解説）あなたのために、春の野に出かけて若菜を摘むわたしのそでに、雪がずっと降りつづいている。

Ⓤ いにしへ（え）の/奈良の都の/八重桜《やえざくら》/今日九重《ここのえ》に/匂《にお》（い）ひぬるかな　伊勢《いせのたいふ》 大輔

（解説）昔の都だった奈良の八重桜が、今日は、京都の九重（天皇の住まい）で色美しくさいていることだ。

（令和六年度版　光村図書　国語　四上　かがやき「短歌・俳句に親しもう（一）」による）

① ⒶⒾⓊの短歌を、五・七・五・七・七のリズムになるように「／」線で区切りましょう。（8×3）

② Ⓐの短歌について、垂水とは、何を表していますか。（解説）を読んで答えましょう。（6）

（たき）

③ Ⓘの短歌について、季節はいつですか。あてはまるものに○をつけましょう。（4）

（○）春のはじめ　（　）春のさかり　（　）春のおわり

④ Ⓤの短歌について、匂ひぬるかなとは、どんな様子を表していますか。（解説）を読んで答えましょう。（6）

（色美しくさいている様子。）

(2) 次の俳句を読んで答えましょう。

Ⓔ 梅一輪/一輪ほどの/暖《あたた》かさ　服部《はっとり》 嵐雪《らんせつ》

Ⓞ 夏河《かわ》を/越《こ》すうれしさよ/手に草履《ぞうり》　与謝《よさ》 蕪村《ぶそん》

Ⓚ 雀《すずめ》の子/そこのけそこのけ/御《お》馬が通る　小林《こばやし》 一茶《いっさ》

（令和六年度版　光村図書　国語　四上　かがやき「短歌・俳句に親しもう（一）」による）

① 次の文は、俳句の特ちょうについて書いた文です。（　）に数を漢字で書きましょう。（4×4）

俳句は、リズムよく読めるように、（五）音・（七）音・（五）音の、合わせて（十七）音で、できています。

② ⒺⓄⓀの俳句の中で、字あまりの俳句はどれですか。記号で答えましょう。（6）

（Ⓚ）

③ Ⓔの俳句について、季語を書きましょう。また、季節は春・夏・秋・冬のうち、いつですか。（6×2）

季語（梅）　季節（春）

④ Ⓞの俳句について、季語を書きましょう。また、季節は春・夏・秋・冬のうち、いつですか。（6×2）

季語（夏河）　季節（夏）

⑤ Ⓚの俳句について、作者は、何に話しかけていますか。○をつけましょう。（6）

（○）雀の子　（　）馬

⑥ ⒺとⓄの俳句を、五・七・五のリズムになるように／線で区切りましょう。（4×2）

24頁

新聞を作ろう

(1) 学校で新聞を作ります。新聞の作り方の順に1〜6の番号を入れましょう。（5×4）

（4）わり付《つ》けを決める。
（2）どんな新聞を作るかを話し合う。
（6）読み合って、感想を伝え合う。
（3）取材をし、メモを取る。
（1）新聞の工夫をたしかめる。
（5）記事を書き、新聞を仕上げる。

（令和六年度版　光村図書　国語　四上　かがやき「新聞を作ろう」による）

(2) 次の新聞を見て答えましょう。（5×4）

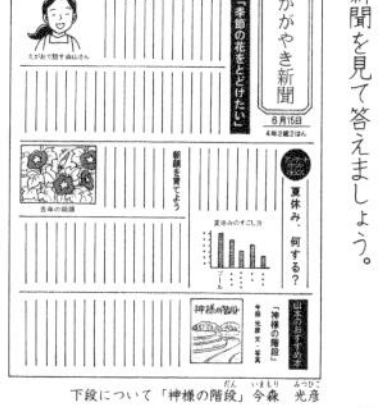

下段について「神様の階段《だん》」今森《いまもり》 光彦《みつひこ》

① この新聞の名前を書きましょう。

（かがやき新聞）

② 発行日はいつですか。

（6月15日）

③ 発行者はだれですか。

（4年2組2はん）

④ いちばん知らせたい記事の見出しを書きましょう。

（花屋さんにインタビュー）

(3) 新聞は、どのような目的で、どのようにして作られますか。（　）にあてはまる言葉を［　］から選んで書きましょう。（3×20）

① 新聞は、（さまざま）な（じょうほう）を、（多く）の人に（知らせる）ために作られる。

［多く　さまざま　じょうほう　知らせる］

② 新聞を作る前に、記事の（テーマ）と新聞の（名前）を決め、どんな人に（読んでもらいたい）か、読む人に（知らせたい）ことは何かといったことを話し合う。

［名前　知らせたい　テーマ　読んでもらいたい］

③ 取材をするときは、（必要）なことを正しく（記録）する。また、（さつえい）してよいかをきいてから、（写真）をとる。

［写真　さつえい　必要　記録］

④ わり付けは、記事の（大きさ）と、新聞に入れる（場所）を決めることである。読む人に（いちばん）知らせたい（記事）を、（目立つ）ところで大きく取り上げる。

［大きさ　いちばん　目立つ　記事　場所］

⑤ 記事を（下書き）し、（まちがい）がなければ、（清書）する。

［清書　下書き　まちがい］

25頁

ガンジーはかせの都道府県の旅 2

● ——線の都道府県名の読みがなを（　）に書きましょう。

① 滋賀県には、日本一大きな湖、琵琶湖《びわ》がある。（しがけん）
② 京都府には、れきし的な観光地が多くある。（きょうとふ）
③ 大阪府は、古くから商売の街として有名だ。（おおさかふ）
④ 兵庫県には、国宝《ほう》の姫路城《ひめじ》がある。（ひょうごけん）
⑤ 奈良県で、大仏《ぶつ》を見物する。（ならけん）
⑥ 和歌山県は、ミカンの生産《さん》量が日本一である。（わかやまけん）
⑦ 鳥取県には、広いさきゅうがある。（とっとりけん）
⑧ 島根県の石見銀山《いわみぎんざん》は、世界遺産《い》だ。（しまねけん）
⑨ 岡山県は、モモの生産がさかんだ。（おかやまけん）
⑩ 広島県は、カキの生産量が日本一である。（ひろしまけん）
⑪ 山口県で、ふぐ料理を食べる。（やまぐちけん）
⑫ 徳島県で、阿波《あわ》おどりに参加する。（とくしまけん）

⑬ 香川県は、うどんが有名だ。（かがわけん）
⑭ 今治《いまばり》タオルは、愛媛県の特《とく》産品だ。（えひめけん）
⑮ 高知県は、坂本龍馬《さかもとりょうま》の生まれた地だ。（こうちけん）
⑯ 福岡県で、とんこつラーメンを食べる。（ふくおかけん）
⑰ 有田焼《ありたやき》は、佐賀県の工芸《げい》品だ。（さがけん）
⑱ 長崎県で、カステラのお土産《みやげ》を買う。（ながさきけん）
⑲ 熊本県には、世界最大級のカルデラがある。（くまもとけん）
⑳ 大分県で、温せんを楽しむ。（おおいたけん）
㉑ 宮崎県には、有名な滝《たき》がある。（みやざきけん）
㉒ 桜島《さくらじま》は、鹿児島県のシンボルだ。（かごしまけん）
㉓ 沖縄県で、きれいな海をながめる。（おきなわけん）

26頁

季節の言葉2　夏の楽しみ

1 次の六月〜八月のべつの言い方を下から選び、——線でむすびましょう。（6×3）

① 六月 — 水無月《みなづき》
② 七月 — 文月《ふみづき》
③ 八月 — 葉月《はづき》

2 ——の部分を漢字にして、次の言葉を（　）に書きましょう。（7×4）

① くすだま（くす玉）
② あまのがわ（天の川）
③ ふきながし（ふき流し）
④ たなばた（七夕）

3 次の文は、あとの［　］の中の、どの言葉を説明していますか。（　）に記号を書きましょう。（7×2）

(1)（イ）季節に合わせて、服を入れかえること。六月一日に夏用に、十月一日に冬用に入れかえる。

(2)（ア）一年で、もっとも昼の時間が長い日。六月二十一日ごろ。

［ア 夏至《げし》　イ ころもがえ　ウ たんざく］

4 次の俳句《はいく》について答えましょう。

(1) ものなくて/軽《かろ》き袂《たもと》や/衣更《ころもがえ》　高浜《たかはま》 虚子《きょし》

（令和六年度版　光村図書　国語　四上　かがやき「夏の楽しみ」による）

① この俳句の季語を、ひらがな五文字で書きましょう。（10）

［ころもがえ］

② 五七五のリズムで読めるように、俳句を／線で区切りましょう。（10）

(2) 七夕や/心もとなき/朝ぐもり　高橋《たかはし》 淡路女《あわじじょ》

（令和六年度版　光村図書　国語　四上　かがやき「夏の楽しみ」による）

① この俳句の季語を、ひらがな四文字で書きましょう。（10）

［たなばた］

② 五七五のリズムで読めるように、俳句を／線で区切りましょう。（10）

27頁

本のポップや帯を作ろう

名前

(1) 次の文の①～③は，「読みたい本のポップや帯を作る活動の流れ」について，書かれています。（　）にあてはまる言葉を□から選んで書きましょう。(8×6)

① 本の読み方について考える。
・（問い）をもちながら読む。
・分からない（言葉）は，（国語辞典）で調べる。
・ところどころ読み返す。

② 読みたい本を選んで読む。

③ ポップや帯を作って，読んだ本をしょうかいし合う。
・読んだ本の（よさ）を，ポップや帯で伝え合う。
・心にのこった文を（引用）したり，（キャッチコピー）を書いて，ポップを作る。

国語辞典　引用　問い　キャッチコピー　言葉　よさ

(2) 林さんが「神様の階段《だん》」をしょうかいしたポップを読んで，答えましょう。

林さんが書いたポップ

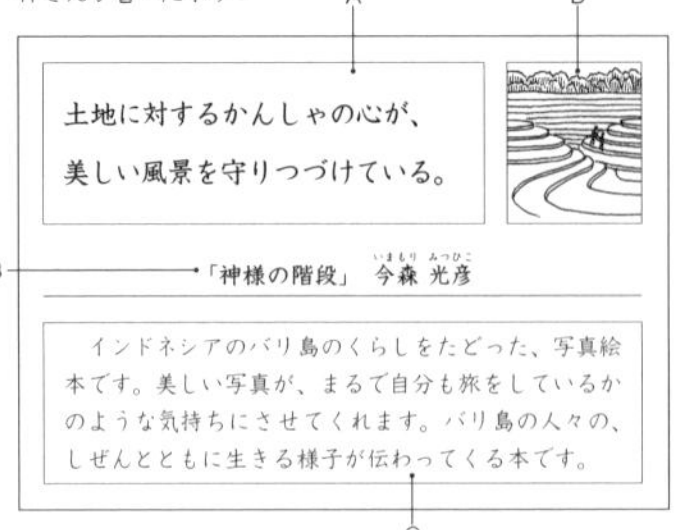

（令和六年度版　光村図書　国語　四上　かがやき　「本のポップや帯を作ろう」による）

① ポップのA～Dの部分は，次のうち何にあたりますか。あてはまるものと——線でむすびましょう。(10×4)

- A — 心にのこった文の引用や、キャッチコピー
- B — 題名や作者・筆者名
- C — 本の内容《よう》のかんたんなしょうかいや、感想
- D — 見る人をひきつけるイラスト

② Cを読んで，林さんは，「神様の階段」について，どんなことが伝わってくる本だといっていますか。(12)

（バリ島の人々の、しぜんとともに生きる様子。）

27

28頁

神様の階段《だん》 (1)

名前

ここは，インドネシアのバリ島。暑い，暑い，熱帯の島だ。

㋐ぼくがこの島をおとずれようと思ったのは，ここには，昔ながらの美しい田んぼがたくさんのこっていると聞いたからだ。それは，いつも見ている日本の田んぼと，どうちがうのだろう。

太陽がしずむと，気温が一気に下がり，あたりが急に青ずんできた。目の前にどうどうとそびえるのは，㋑アグン山だ。バリ島の人々は，昔から，島でいちばん高いこの山を，神様の住むしんせいな場所として大切にしてきた。明日は，あの山にもっと近づいてみよう。

朝，山に向かって歩きだすと，すぐに玉のようなあせがふき出てきた。草いきれにまじって，どこからか，水をふくんだ土のにおいがする。

急なしゃめんを上ると，㋒目の前に，段々になった田んぼ，たな田が広がっていた。

小さな㋓ため池もある。いろいろな水草がしげっていて，メダカやゲンゴロウが泳いでいる。このため池は，きっと，山から流れてくるつめたい水を田んぼに入れる前に温めたり，食べるための魚をかったりするために作られているのだろう。

そういえば，ぼくが子どものころには，近くの田んぼにもこんなため池があって，魚つりをして遊んだものだった。

あぜ道には，いろいろな花がさいている。目にとまった白い花の名前を，通りかかった農家の人にきいてみた。

ブンガ・ビンタン。

「星の花」という意味だそうだ。

ぼくは，足元のこんな小さな花に，そんなすてきな名前をつけるバリ島の人たちのことが，㋔すっかりすきになってしまった。

（令和六年度版　光村図書　国語　四上　かがやき　今森《いまもり》　光彦《みつひこ》）

● 上の文章を読んで答えましょう。

(1) インドネシアのバリ島は，どんな島ですか。(10)

（暑い、暑い、熱帯の島）

(2) ㋐ぼくがこの島をおとずれようと思ったのは，なぜですか。(10)

（昔ながらの美しい田んぼがたくさんのこっていると聞いたから。）

(3) バリ島の人々は，昔から㋑アグン山をどのようにしてきましたか。(5×3)

（神様）の住む（しんせい）な場所として（大切）にしてきた。

(4) ㋒目の前に，何が広がっていましたか。(10)

（段々になった田んぼ）たな田

(5) ㋓ため池について答えましょう。

① どんな生き物がいますか。三つ答えましょう。(5×3)

（水草）（メダカ）（ゲンゴロウ）

② 何をするために，作られていますか。二つ書きましょう。(10×2)

（山から流れてくるつめたい水を田んぼに入れる前に温めるため。）

（食べるための魚をかうため。）

(6) 「ブンガ・ビンタン」という花の名前の意味を三文字で書きましょう。(10)

星の花

(7) ぼくが，バリ島の人たちのことを㋔すっかりすきになってしまったのはなぜですか。(10)

（足元の小さな花に，（「星の花」という）すてきな名前をつけるから。）

28

29頁

神様の階段《だん》 (2)

名前

たわわに実った田んぼの一角で，女の人が何かをかざっている。デヴィ・スリという神様をおまねきするための場所，サンガパクワンを作っているのだという。

㋐デヴィ・スリは，ふだんは山に住んでいるが，いねが実ると，田んぼにまい下りてくるのだそうだ。そこで，人々は，デヴィ・スリのために小さな家を作って，花やお米やおかしをささげ，しゅうかくまでの間，そこに住んでもらう。デヴィ・スリがサンガパクワンに住み着くと，㋑必ず豊《ほう》作になるという。

真っ黄色にかがやくいねの海原《うなばら》を下っていると，花をのせたお皿を持った女の人たちとすれちがった。これは，チャナンサリという，神様のためのおそなえ物だ。

人々にとって，田んぼは，神様の住むアグン山へつづく道。

山に向かって重なるたな田は，「神様の階段《だん》」。

青い海をのぞむしゃめんで，たくさんの人に出会った。横にならんで，かけ声をかけながら，けんめいにくわで土をほっている。だれもがみんな，あせだくだ。きいてみると，これから，ここにたな田を作るのだという。

バリ島の人たちにとって，お米を作ることは神様が住むしんせいな森に近づくこと。人々は，森が，水を育み，自分たちを生かしてくれていることを知っている。土地に対するかんしゃの心が，美しい風景を守りつづけている。

（令和六年度版　光村図書　国語　四上　かがやき　今森《いまもり》　光彦《みつひこ》）

● 上の文章を読んで答えましょう。

(1) 次の言葉の説明を下から選び，——線で結びましょう。(10×4)

- ① デヴィ・スリ — 山に住む神様
- ② サンガパクワン — 神様をおまねきするための場所（小さな家）
- ③ チャンナサリ — 神様のためのおそなえもの
- ④ アグン山 — 神様の住む山

(2) ㋐デヴィ・スリについて答えましょう。

① ふだんは，どこに住んでいますか。(10)

（アグン）山

② どんなときに，田んぼにまい下りてくるのですか。(10)

（いねが実ったとき。）

(3) ㋑必ず豊作になるのは，どんなときですか。(10)

（デヴィ・スリがサンガパクワンに住み着いたとき。）

(4) 「神様の階段」とは，何のことですか。(10)

（山に向かって重なるたな田）

(5) 上の文章にあてはまるもの二つに，○をつけましょう。(10×2)

（　）バリ島の人たちにとって，お米を作ることは，青い海に近づくことである。

（○）バリ島の人たちは，森が，水を育み，自分たちを生かしてくれていることを知っている。

（○）バリ島の人たちの，土地に対するかんしゃの心が，美しい風景を守りつづけている。

29

30頁

忘《わす》れもの

名前

忘《わす》れもの　高田《たかだ》　敏子《としこ》

入道雲にのって
夏休みはいってしまった
「サヨナラ」のかわりに
素晴《すば》らしい夕立をふりまいて

けさ　空はまっさお
木々の葉の一枚《まい》一枚が
あたらしい光とあいさつをかわしている

だがキミ！　夏休みよ
もう一度　もどってこないかな
忘れものをとりにさ

迷子《まいご》のセミ
さびしそうな麦わら帽《ぼう》子
それから　ぼくの耳に
くっついて離《はな》れない波の音

（令和六年度版　光村図書　国語　四上　かがやき　高田　敏子）

● 上の詩を読んで答えましょう。

(1) この詩は，何連でできていますか。(10)

（四）連

(2) 「夏休みはいってしまった」とは，夏休みがどうなったことを表していますか。(10)

（夏休みが終わってしまったこと。）

(3) 「キミ！」と，だれによびかけていますか。(10)

（夏休み）

(4) それぞれの連は，どんなことを表していますか。□から選び，（　）に記号を書きましょう。(10×4)

・第一連（㋑）　・第二連（㋒）
・第三連（㋓）　・第四連（㋐）

㋐ 夏休みの思い出（忘れもの）のこと。
㋑ 夏休みが終わったこと。
㋒ 夏休みが終わった次の日のこと。
㋓ 夏休みにもどってきてほしいと思っていること。

(5) 忘れものとして書かれているものを，この詩に出てくる順に三つ書き出しましょう。(10×3)

セミ

麦わら帽子

波の音

30

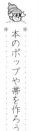

本書の解答は，あくまでもひとつの例です。児童に取り組ませる前に，必ず指導される方が問題を解いてください。指導される方の作られた解答をもとに，児童の多様な考えに寄り添って○つけをお願いします。

31頁

ぼくは川

名前

ぼくは川　阪田《さかた》 寛夫《ひろお》

じわじわひろがり
㋐背《せ》をのばし
土と砂《すな》とをうるおして
㋑くねって　うねって　ほとばしり
とまれと言っても　もうとまらない
ぼくは川
㋒真っ赤な月にのたうったり
砂漠《さばく》のなかに渇《かわ》いたり
㋓それでも雲の影《かげ》うかべ
さかなのうろこを光らせて
あたらしい日へほとばしる
あたらしい日へほとばしる

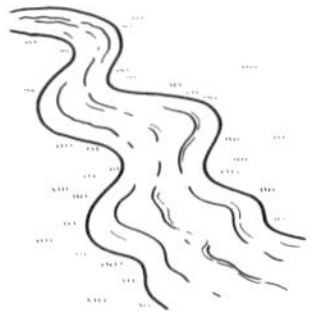

（令和六年度版　光村図書　国語　四上　かがやき　阪田　寛夫）

● 上の詩を読んで答えましょう。

(1) この詩では「ぼく」は何だといっていますか。（14）

（川）

(2) 次の言葉を説明している文を下から選び、——線でむすびましょう。（12×3）

① うねる
② ほとばしる
③ のたうつ

・いきおいよく飛びちる。ふき出す。
・苦しみ、もがいて、転がり回る。
・上下、左右に曲がる。

(3) ㋐と㋑では、それぞれ川のどのような様子を表していますか。（　）にあてはまる記号を一つずつ書きましょう。（13×2）

（㋑）曲がりくねり、いきおいよく、はげしく流れる様子。

（　）静かに細く流れる様子。

（㋐）少しずつ広がりながら、ゆっくり流れる様子。

(4) ㋒は川のどのような様子を表していますか。一つに○をつけましょう。（12）

（　）かすかに光ってさみしく流れる様子。

（　）楽しく心地よく流れる様子。

（○）苦しくつらいことに、向き合いながら流れる様子。

(5) この詩では、「ぼく」のどんな気持ちを表していると思いますか。一つに○をつけましょう。（12）

（　）おとなしく静かに、目立たないようにしようとする気持ち。

（○）苦しいことやつらいことがあっても、前へ進もうとする気持ち。

（　）楽しく明るくすごそうとする気持ち。

32頁

パンフレットを読もう

名前

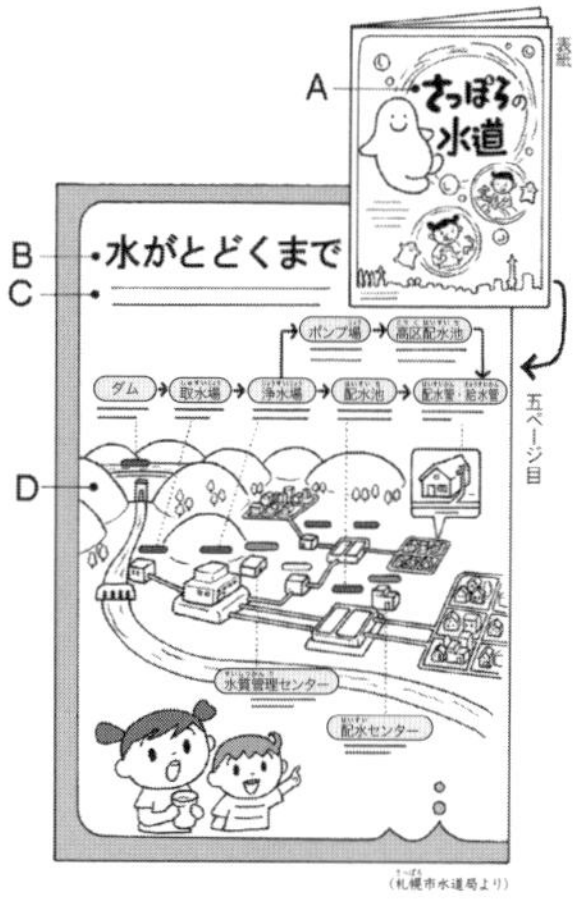

（札幌《さっぽろ》市水道局より）

（令和六年度版　光村図書　国語　四上　かがやき　「パンフレットを読もう」による）

(1) 右のパンフレットの「水がとどくまで」を見て、次の問いに答えましょう。

① A〜Dにあたる部分を［　］から選んで、（　）に書きましょう。（5×4）

A（タイトル）　B（見出し）
C（短い文章）　D（絵）

［絵　タイトル　見出し　短い文章］

② 次の㋐〜㋒について、それぞれどのようなことに気づきましたか。あなたの考えを書きましょう。（10×3）

㋐ 文字の大きさ
（例）（見出しの文字は大きく、その他の文字は小さくなっており、見やすい。）

㋑ 絵や図でしめされていること
（例）（水がとどくまでの経路を絵や図でしめしており、分かりやすい。）

㋒ 文章と絵との関係
（例）（絵の中に説明の文章が入っており、分かりやすい。）

(2) 次の文章は、パンフレットについて説明したものです。（　）にあてはまる言葉を［　］から選んで書きましょう。（5×6）

・場所や（物）について、（説明）をしたり、よさを知らせたりするためのものである。
・少ない（ページ）でできており、（手軽）に持ち運ぶことができる。
・絵や（写真）と（短い）文章で作られており、読む人にとって分かりやすい。

［手軽　短い　説明　ページ　物　写真］

(3) パンフレットには、どのようなものがありますか。正しいものには○、まちがっているものには×を（　）に書きましょう。（5×4）

（×）クラスの卒業文集
（○）食品工場の見学案内
（○）動物園の園内マップ
（×）乗り物の図かん

33頁

書くときに使おう　どう直したらいいかな

名前

(1) 次の文章は、文章を書いた後、見直すときに気をつけることをまとめたものです。（　）にあてはまる言葉を［　］から選んで書きましょう。（6×5）

・内容《よう》の（まとまり）ごとに（段落）を分ける。
・「です・ます」と、「だ・である」を（そろえる）。
・読む人が知らない言葉や（漢字）がないか、（目的）に合う文章になっているかを考える。

［そろえる　目的　段落《だん》　まとまり　漢字］

（令和六年度版　光村図書　国語　四上　かがやき　「どう直したらいいかな」による）

(2) 次の文を見直して、〈例〉のように、二通りの書き方で書き直しましょう。（5×4）

〈例〉 明日、練習試合があります。そのため、今日は早くねる。

（明日、練習試合があります。そのため、今日は早くねます。）

（明日、練習試合がある。そのため、今日は早くねる。）

① 昨日、動物園へ行った。パンダがとてもかわいかったです。

（順不同）

（昨日、動物園へ行きました。パンダがとてもかわいかったです。）

（昨日、動物園へ行った。パンダがとてもかわいかった。）

② あなたの好きな花は何ですか。わたしは、サクラソウが好きだ。

（順不同）

（あなたの好きな花は何ですか。わたしは、サクラソウが好きです。）

（あなたの好きな花は何か。わたしは、サクラソウが好きだ。）

(3) ①〜③の観点から、次の文章を分かりやすくなるように書き直しましょう。（50）

① 段落を分ける。
② 文末を「です・ます」にそろえる。
③ むずかしい言葉に、くわしい説明を加える。辞書などを使って調べてもよい。

あかしまちは、漁業がさかんな所です。とくに、あかしダイとあかしダコが、よく知られている。どちらも、漁かく量が多いです。また、きれいな水で有名な海水浴場もある。泳いでいると、海の底に白いすなはまが見えます。日の光に照らされてキラキラしており、とてもきれいだ。夏休みには、多くの観光客がおとずれます。


（例）

あかしまちは、漁業がさかんな所です。とくに、あかしダイとあかしダコが、よく知られています。どちらも、漁場でとった水産物の量である「漁かく量」が多いです。

また、きれいな水で有名な海水浴場もあります。泳いでいると、海の底に白いすなはまが見えます。日の光に照らされてキラキラしており、とてもきれいです。夏休みには、多くの観光客がおとずれます。

34頁

いろいろな意味をもつ言葉

名前

(1) ①〜④には、それぞれ上の言葉につながる同じ言葉が入ります。あてはまる言葉を［　］から選んで、［　］に書きましょう。（5×4）

① ・写真を　・ぼうしを　・満点を　［とる］
② ・時間を　・直径を　・重さを　［はかる］
③ ・委員長に　・気に　・梅の実が　［なる］
④ ・明かりが　・学校に　・よごれが　［つく］

［なる　とる　はかる　つく］

(2) 次の——線の言葉は、それぞれ文の中でどんな意味で使われていますか。［　］から選んで、記号を書きましょう。（5×6）

①
・（ウ）カゼをひく。
・（イ）ギターをひく。
・（ア）つなをひく。

［㋐ ひっぱる　㋑ えんそうする　㋒ 病気にかかる］

②
・（イ）ドアがあく。
・（ア）ビンがあく。
・（ウ）手があく。

［㋐ 空になる　㋑ ひらく　㋒ ひまになる］

(3) 次の文の——線の言葉と同じ意味で使われているものに○をつけましょう。（5×4）

① 町の中心に図書館をたてる。
（　）計画をたてる。

（○）新しい家をたてる。

② テレビをみる。
（○）先生をみる。

（　）体の調子をみる。

③ にがい薬を飲む。
（　）おこられて、にがい顔をする。

（○）ブラックコーヒーは、にがい。

（　）にがいけいけんを思い出す。

④ 算数の問題をとく。
（　）くつひもをとく。

（　）たまごをとく。

（○）なぞをとく。

(4) 「かける」という言葉には、いろいろな意味があります。〈例〉の「でる」を使った文のように、ちがう意味をもった「かける」を使った文を二つ作りましょう。（15×2）

〈例〉 卒業式にでる。
受験の結果がでる。

（例）（友だちに電話をかける。）

（例）（服をハンガーにかける。）

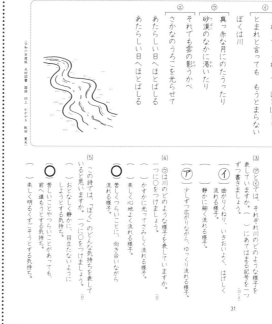

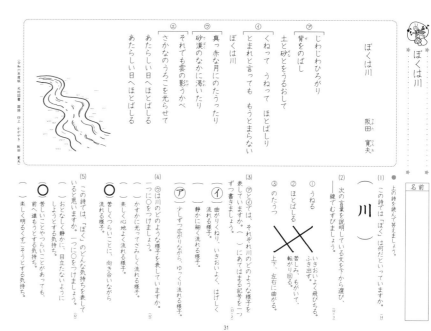

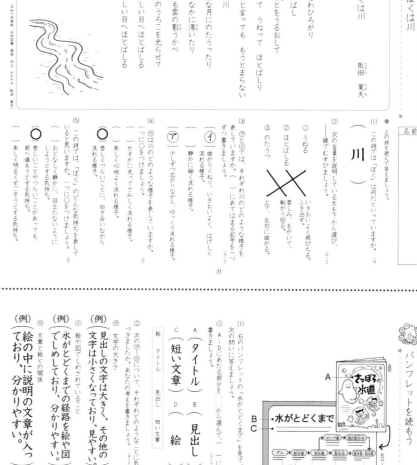

35頁

ローマ字を使いこなそう

名前

(1) ローマ字には、書き方が二つあるものがあります。次の文字を、もう一つの書き方で（　）に書きましょう。 (8×8)

① し　si（shi）
② しゃ　sya（sha）
③ じ　zi（ji）
④ じゃ　zya（ja）
⑤ ち　ti（chi）
⑥ ちゃ　tya（cha）
⑦ つ　tu（tsu）
⑧ ふ　hu（fu）

(2) 次の言葉を、二つの書き方で（　）に書きましょう。 (3×12)

① 合唱　（gassyô）（gasshô）
② 塩気　（sioke）（shioke）
③ 地図　（tizu）（chizu）
④ 印刷　（insatu）（insatsu）
⑤ 人生　（zinsei）（jinsei）
⑥ とうふ　（tôhu）（tôfu）

36頁

あせの役わり (1)（全文読解《どっかい》）

教科書

「あせの役わり」を読んで答えましょう。

名前

(1) 次の文の（　）にあてはまる言葉をあとの　から選び書き入れましょう。

① あせをかくことは、何をするうえで、大切なことですか。 (5)
命を（守る）うえで大切なことです。

② 体温が四十二度をこえると、何につながりますか。 (5×2)
（命）に関《かか》わるほどの重い（熱中）症《しょう》。

③ 人の脳《のう》は、体温が上がるのを感知すると、なんという器官《きかん》に、どんな命令《れい》を出しますか。 (5×2)
ひふの（かんせん）という器官に、「（あせ）を出せ」という命令を出します。

④ どのようにして、体温が上がりすぎるのをふせいでいますか。 (5×4)
あせが（ひふ）から（じょうはつ）するときに、（体）の表面の（熱）をうばい、体温が上がりすぎるのをふせいでいます。

⑤ かんせんの能《のう》力が低いと、どんなおそれがありますか。 (5×3)
あせをかく量《りょう》が（少なく）なり、暑いところで（体温）の上がり方が（大きく）なるおそれがあります。

⑥ かんせんをきたえ、熱中症《ねっちゅうしょう》をよぼうするには、ふだんからどんなことをしておくとよいですか。 (5×2)
ふだんから（運動）したり、外でたくさん（遊んだり）して、あせをかくとよい。

⑦ たくさんあせをかくようなときに、わすれてはいけないことはどんなことですか。 (5)
積極的《せっきょくてき》に（水分）をとること。

⑧ あせは、どのような役わりを果《は》たしていますか。 (5×2)
夏の（暑さ）や運動によって体温が上がりすぎることから、人の命を守るという、（大切）な役わり。

大切　遊んだり　守る　命
暑さ　あせ　体　熱中《ねっちゅう》　体温
じょうはつ　熱《ねつ》　大きく　運動
少なく　水分　かんせん　ひふ

(2) 次の文で「あせの役わり」の文章にあてはまるものに○を、あてはまらないものには×をつけましょう。 (5×3)

㋐（○）けんび鏡《きょう》で観察《かんさつ》すると、あせは、ひふのあちこちから、ぽつぽつとあせの水玉になって出て、広がっていく様子が分かる。
㋑（×）人の体は、水分をとらなくても、命に関わることはない。
㋒（○）あせがひふからじょうはつすることで、体の表面の熱をうばい、体温が上がりすぎるのをふせぐ仕組みは、夕立の後に、ぬれた地面がかわくと、気温が下がる仕組みと同じである。

37頁

あせの役わり (2)（要約《ようやく》）

教科書

「あせの役わり」を読んで、この文章を読んだことがない人にも内容がわかるように要約しましょう。

名前

略

38頁

ごんぎつね (1)

名前

「ああ、そうしきだ。」と、ごんは思いました。「兵十《ひょうじゅう》のうちのだれが死んだんだろう。」

お昼がすぎると、ごんは、村の墓《ぼ》地へ行って、六地蔵《ぞう》さんのかげにかくれていました。いいお天気で、遠く向こうには、お城の屋根がわらが光っています。墓地には、ひがん花が、赤いきれのようにさき続いていました。と、村の方から、カーン、カーンと、かねが鳴ってきました。そうしきの出る合図です。

やがて、白い着物を着たそうれつの者たちがやって来るのが、ちらちら見え始めました。話し声も近くなりました。そうれつは、墓地へ入ってきました。㋐人々が通ったあとには、ひがん花がふみ折られていました。

ごんは、のび上がって見ました。兵十が、白いかみしもを着けて、いはいをささげています。いつもは、赤いさつまいもみたいな元気のいい顔が、今日はなんだかしおれていました。

㋑「ははん、死んだのは、兵十のおっかあだ。」ごんは、そう思いながら頭を引っこめました。

そのばん、㋒ごんは、あなの中で考えました。「兵十のおっかあは、とこについていて、うなぎが食べたいと言ったにちがいない。それで、兵十が、はりきりあみを持ち出したんだ。ところが、わしがいたずらをして、うなぎを取ってきてしまった。だから、兵十は、おっかあにうなぎを食べさせることができなかった。そのまま、おっかあは、死んじゃったにちがいない。ああ、うなぎが食べたい、うなぎが食べたいと思いながら死んだんだろう。ちょっ、㋓あんないたずらをしなけりゃよかった。」

（令和六年度版　光村図書　国語　四下　はばたき　新美《にいみ》　南吉《なんきち》）

(1) ごんは、なぜ村の墓地へ行ったのですか。正しいものに○をつけましょう。 (10)
（　）村の方から、かねが鳴ってきたから。
（　）村の人たちに、いたずらをしようと思ったから。
（○）兵十のうちの、だれが死んだのか知りたかったから。

(2) ㋐人々とは、だれのことですか。 (15)
（白い着物を着たそうれつの者たち）

(3) ㋑「ははん、死んだのは、兵十のおっかあだ。」とありますが、ごんは兵十のどんな様子を見てそう思ったのですか。二つ書きましょう。 (15×2)
（白いかみしもを着けて、いはいをささげている様子。）
（いつもは、赤いさつまいもみたいな元気のいい顔が、今日はなんだかしおれている様子。）

(4) ㋒ごんは、あなの中で考えました。とありますが、ごんが考えたことについて、次の問いに答えましょう。 (10×3)

① 兵十のおっかあは、何を食べたかったのですか。
（うなぎ）

② おっかあは、それを食べることができましたか。
（できなかった。）

③ なぜ、おっかあは、それを食べられなかったのですか。
（自分（ごん）がいたずらをして、うなぎを取ってきてしまったから。）

(5) ごんは、なぜ㋓「あんないたずらをしなけりゃよかった。」と思ったのですか。 (15)
（例）
（自分がいたずらをしたせいで、おっかあはうなぎを食べられずに死んだのだと考えたから。）

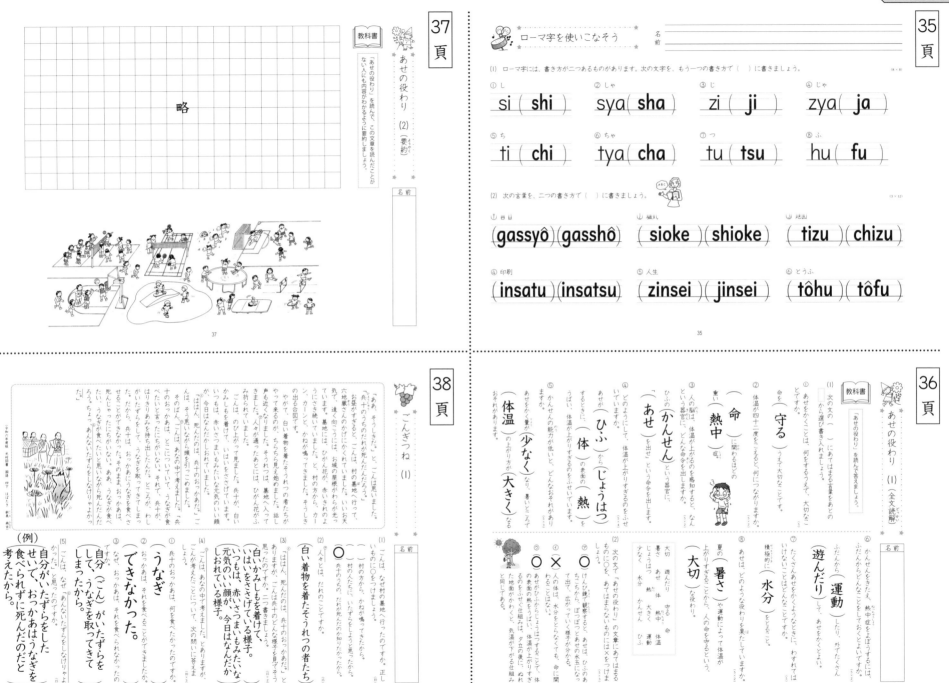

本書の解答は，あくまでもひとつの例です。児童に取り組ませる前に，必ず指導される方が問題を解いてください。指導される方の作られた解答をもとに，児童の多様な考えに寄り添って○つけをお願いします。

39頁

ごんぎつね (2)

名前

ごんは、物置のそばをはなれて、向こうへ行きかけますと、どこかで、いわしを売る声がします。

「いわしの安売りだあい。生きのいい、いわしだあい。」

ごんは、その㋐いせいのいい声のする方へ走っていきました。と、弥助《やすけ》のおかみさんが、うら戸口から、

「いわしをおくれ。」

と言いました。いわし売りは、いわしのかごを積んだ車を道ばたに置いて、ぴかぴか光るいわしを両手でつかんで、弥助のうちの中へ持って入りました。ごんは、㋑そのすき間に、かごの中から五、六ぴきのいわしをつかみ出して、もと来た方へかけだしました。そして、兵十《ひょうじゅう》のうちのうら口から、うちの中へいわしを投げこんで、あなへ向かってかけもどりました。とちゅうの坂の上でふり返ってみますと、兵十がまだ、井戸のところで麦をといでいるのが小さく見えました。

ごんは、うなぎのつぐないに、まず一つ、㋒いいことをしたと思いました。

次の日には、ごんは山でくりをどっさり拾って、それをかかえて兵十のうちへ行きました。うら口からのぞいてみますと、兵十は、昼飯を食べかけて、茶わんを持ったまま、ぼんやりと考えこんでいました。変なことには、㋓兵十のほっぺたに、かすりきずがついています。どうしたんだろうと、ごんが思っていますと、兵十がひとり言を言いました。

「いったい、だれが、いわしなんかを、おれのうちへ放りこんでいったんだろう。おかげでおれは、ぬすびとと思われて、いわし屋のやつにひどいめにあわされた。」

と、ぶつぶつ言っています。

ごんは、㋔これはしまったと思いました。「かわいそうに兵十は、いわし屋にぶんなぐられて、㋕あんなきずまでつけられたのか。」

ごんはこう思いながら、そっと物置の方へ回って、その入り口にくりを置いて帰りました。

次の日も、その次の日も、ごんは、くりを拾っては兵十のうちへ持ってきてやりました。その次の日には、くりばかりでなく、松たけも二、三本、持っていきました。


（令和六年度版　光村図書　国語　四下　はばたき　新美《にいみ》　南吉《なんきち》）

(1) ㋐いせいのいい声とは、どんな声ですか。正しいものに○をつけましょう。（10）

（　）消え入りそうな声
（○）元気やいきおいのある声
（　）やさしくて温かみのある声

(2) ㋑そのすき間とありますが、どんなすき間ですか。（15）

（いわし売りが、いわしのかごを積んだ車を道ばたに置いて、いわしを弥助のうちの中へもって入るすき間。）

(3) ㋒いいこととは、どんなことですか。（15）

（兵十のうちの中へいわしを投げこんだこと。）

(4) ㋓兵十のほっぺたに、かすりきずがついています。とありますが、なぜかすりきずがついているのですか。（15）

（ぬすびとと思われて、いわし屋にひどいめにあわされたから。）

(5) なぜごんは、㋔これはしまったと思ったのですか。（15）

（自分が兵十のうちの中へいわしを投げこんだことで、兵十がぬすびとだと思われ、いわし屋にひどいめにあわされたから。）

(6) ㋕あんなきずとは、どんなきずですか。（15）

（兵十のほっぺたのかすりきず。）

(7) ごんが、兵十のうちへ持ってきたものは何ですか。（　）に三つ書きましょう。（5×3）

・（いわし）
・（くり）
・（松たけ）

39

40頁

ごんぎつね (3)

名前

お城の前まで来たとき、加助《かすけ》が言いだしました。

㋐「さっきの話は、きっと、そりゃあ、神様のしわざだぞ。」

㋑「えっ。」

と、兵十《ひょうじゅう》はびっくりして、加助の顔を見ました。

「おれはあれからずっと考えていたが、どうも、そりゃ、人間じゃない、㋐神様だ。神様が、おまえがたった一人になったのをあわれに思わっしゃって（お思いになって）、いろんな物をめぐんでくださるんだよ。」

「そうかなあ。」

「そうだとも。だから、毎日、神様にお礼を言うがいいよ。」

「うん。」

ごんは、㋑「へえ、こいつはつまらないな。」と思いました。

「おれがくりや松たけを持っていってやるのに、そのおれにはお礼を言わないで、神様にお礼を言うんじゃあ、おれは引き合わないなあ。」

その明くる日も、ごんは、くりを持って、兵十のうちへ出かけました。兵十は、物置で縄をなっていました。それで、ごんは、うちのうら口から、㋒こっそり中へ入りました。

そのとき兵十は、ふと顔を上げました。と、きつねがうちの中へ入ったではありませんか。こないだ、うなぎをぬすみやがったあのごんぎつねめが、またいたずらをしに来たな。

㋓「ようし。」

兵十は立ち上がって、なやにかけてある火縄じゅうを取って、火薬をつめました。そして、足音をしのばせて近よって、今、戸口を出ようとするごんを、ドンとうちました。

ごんは、ばたりとたおれました。

兵十はかけよってきました。うちの中を見ると、土間にくりが固めて置いてあるのが、目につきました。

「おや。」

と、兵十はびっくりして、ごんに目を落としました。

「ごん、おまい（おまえ）だったのか、いつも、くりをくれたのは。」

ごんは、ぐったりと目をつぶったまま、㋔うなずきました。

兵十は、火縄じゅうをばたりと取り落としました。青いけむりが、まだつつ口から細く出ていました。


（令和六年度版　光村図書　国語　四下　はばたき　新美《にいみ》　南吉《なんきち》）

(1) ㋐、㋑は、それぞれだれが言った言葉ですか。（10×2）

㋐（加助）　㋑（兵十）

(2) ㋐神様だ。とありますが、加助は、神様が兵十のことをどう思って、何をしたのだと考えましたか。（10）

（神様が、兵十がたった一人になったのをあわれに思って、いろんな物をめぐんでくれたと考えた。）

(3) なぜごんは、㋑「へえ、こいつはつまらないな。」と思ったのですか。（10）

（自分がくりや松たけを持っていっているのに、兵十が自分にはお礼を言わないで、神様にお礼を言うなんて、苦労や努力をしたかいがないと思ったから。）

(4) ㋒そのときについて、答えましょう。（10×2）

① どんなときですか。

（ごんが、兵十のうちのうら口から、こっそり中へ入ったとき。）

② 兵十は、ごんが何をしに来たのだと思いましたか。四文字で書きましょう。

いたずら

(5) ㋓「ようし。」とありますが、兵十は何をしようとしたのですか。（10）

（火縄じゅうで、ごんをうとうとした。）

(6) ㋔うなずきました。とありますが、ごんはどんな言葉に対してうなずいたのですか。文中から抜き出しましょう。（15）

（「ごん、おまいだったのか、いつも、くりをくれたのは。」）

(7) 火縄じゅうを取り落としたとき、兵十はどんな気持ちでしたか。あなたの考えを書きましょう。（15）

（例）

（取り返しのつかないことをしてしまったという、後かいの気持ち。）

40

41頁

ごんぎつね (4)（全文読解《どっかい》）

名前

教科書

「ごんぎつね」の次の場面を読んで、答えましょう。

★「1」の場面を読んで答えましょう。

(1) ごんは、どんなきつねだったのでしょうか。正しいもの三つに○をつけましょう。（3×3）

（　）友だちが多かった。

（○）しだのいっぱいしげった森の中の、あなに住んでいた。

（○）いたずらばかりしていた。

（　）中山《なかやま》という所の、小さなお城に住んでいた。

（○）夜でも昼でも、あたりの村へ出てきた。

(2) ごんが、兵十《ひょうじゅう》にしたいたずらは何ですか。（10）

（兵十がつかまえた魚をにがして、うなぎを取る。）

★「2」の場面を読んで答えましょう。

(3) ごんがあなの中で考えたことについて、答えましょう。（5×2）

① うなぎが食べたいと言ったのは、だれだと思いましたか。

（兵十のおっかあ）

② ごんは、自分がしたいたずらについて、どう思いましたか。

（あんないたずらをしなければよかった。）

★「3」の場面を読んで答えましょう。

(4) ごんが、兵十のうちの中へいわしを投げこんだのはなぜですか。（10）

（うなぎのつぐないをするため。）

★「4」の場面を読んで答えましょう。

(5) 兵十が加助《かすけ》に言った不思議なこととは、どんなことですか。（10）

（おっかあが死んでから、だれかが毎日くりや松たけをくれること。）

★「5」の場面を読んで答えましょう。

(6) 加助は、兵十に何をするといいと言いましたか。（10）

（毎日、神様にお礼を言う。）

★「6」の場面を読んで答えましょう。

(7) 兵十が火縄じゅうで、ごんをうったのはなぜですか。（10）

（うなぎをぬすんだごんぎつねが、またいたずらをしに来たのだと思ったから。）

(8) 兵十は、ごんに目を落とした後、何と言いましたか。文中から抜き出しましょう。（7）

（「ごん、おまいだったのか、いつも、くりをくれたのは。」）

★「ごんぎつね」全体を読んで答えましょう。

(9) 物語の順番になるように、（　）に1～6の番号を書きましょう。（4×6）

（3）うなぎのつぐないに、ごんは兵十のうちへいわしやくり、松たけを持って行く。
（5）くりや松たけは神様のしわざだと話しているのを聞き、ごんはがっかりする。
（1）いたずらぎつねのごんは、兵十のとった魚をにがし、うなぎを取ってきてしまう。
（6）兵十は火縄じゅうでごんをうった後、くりをとどけてくれていたのがごんだと知る。
（2）兵十のおっかあのそうしきを見て、ごんはうなぎを取ったことをこうかいする。
（4）くりや松たけが毎日置いてあることを、兵十が加助に話す。

41

42頁

漢字を正しく使おう

名前

(1) 読み方は同じでも、ちがう漢字を書くことがあります。次の文に合う方の言葉に○をつけましょう。（2×5）

① 最新の（機会・(機械)）を使う。
② となりの席が（(空く)・開く）。
③ 田中くんは、足が（早い・(速い)）。
④ みんなの意見が（会う・(合う)）。
⑤ 友だちに本を（(返す)・帰す）。

(2) 読み方は同じでも、ちがう漢字を書くことがあります。次の文に合う言葉を（　）に書きましょう。（5×6）

①
・一組（以外《いがい》）は集まってください。
・駅は、（意外《いがい》）に近かった。

②
・わたしは、星に（関心《かんしん》）がある。
・友だちのすばらしいスピーチに（感心《かんしん》）した。

③
・大会で（二回《にかい》）ゆう勝したことがある。
・（二階《にかい》）建ての家に住む。

(3) ——線の言葉を、漢字と送りがなで書きましょう。（5×6）

①
・漢字をかく。（書く）
・漢字をかかない。（書かない）

②
・ペンをおとす。（落とす）
・ペンがおちる。（落ちる）

③
・公園にあつまる。（集まる）
・公園にあつめる。（集める）

(4) 次の言葉の読みを（　）に書きましょう。（5×6）

① 木かげで休む。（こかげ）
② 今月の半ばに運動会がある。（なかば）
③ 戸外で運動する。（こがい）
④ 日本は米作がさかんだ。（べいさく）
⑤ 七月七日は、七夕だ。（たなばた）
⑥ 虫の羽音が聞こえる。（はおと）

42

43頁

季節の言葉3
秋の楽しみ

名前

1 次の九月～十一月のべつの言い方を下から選び、——線でむすびましょう。（6×3）

① 九月　② 十月　③ 十一月

神無月《かんなづき》　霜月《しもつき》　長月《ながつき》

2 ——の部分を漢字にして、次の言葉を（　）に書きましょう。（7×4）

① いろづく（色づく）
② つきみだんご（月見だんご）
③ あきのななくさ（秋の七草）
④ ちゅうしゅうのめいげつ（中秋の名月）

3 次の文は、あとの□の中の、どの言葉を説明していますか。（　）に記号を書きましょう。（7×2）

(1)（ウ）男子は三さいと五さい、女子は三さいと七さいになった年の十一月十五日に行う行事。神社にお参りして無事な成長をいのる。

(2)（イ）紅葉（黄葉）した木の葉を見て楽しむこと。

㋐ お月見　㋑ もみじがり　㋒ 七五三

4 次の俳句《はいく》と短歌について答えましょう。

(1)

参道の/長きはたのし/七五三　山口《やまぐち》 青邨《せいそん》

（令和六年度版 光村図書 こくご 四下 はばたき「秋の楽しみ」による）

① この俳句の季語を、ひらがな五文字で書きましょう。（10）

しちごさん

② 五七五のリズムで読めるように、俳句を／で区切りましょう。（10）

(2)

秋の野に/咲《さ》きたる花を/指《およ》折り/かき数ふ《(う)》れば/七種《ななくさ》の花　山上《やまのうえの》 憶良《おくら》

（令和六年度版 光村図書 こくご 四下 はばたき「秋の楽しみ」による）

① この短歌の季語を、ひらがな五文字で書きましょう。（10）

あきののに

② 五七五七七のリズムで読めるように、短歌を／で区切りましょう。（10）

44頁

クラスみんなで決めるには

名前

(1) 次の話し合いの一部の文章を読んで、答えましょう。

岸　今日は、ちいきの学習でお世話になった坂さんたちへ、かんしゃの気持ちを伝えるために、お礼の会で何をするかを決めます。会は、一時間です。初めに、事前に案を考えてきている提《てい》案者の六人に、意見を出してもらいます。次に、どうやって決めるかを考え、その決め方にそって話し合います。
それでは、竹内さんから、提案をおねがいします。

竹内　はい。ぼくは、かんしゃじょうをわたすのがよいと思います。そうすれば、ぼくたちの気持ちを、言葉にして伝えることができるからです。

小森　ぼくも、竹内さんと同じように、かんしゃじょうがいいと考えました。クラス全員でひと言ずつ書くとよいのではないでしょうか。

大木　わたしは、べつの案ですが、学校農園で作っているさつまいもを、いっしょに食べてはどうかと考えました。理由は、——。

（令和六年度版 光村図書 国語 四下 はばたき「クラスみんなで決めるには」による）

① この話し合いで、司会の役わりをしているのは、だれですか。（10）

（岸）さん

② 司会は、どのように話し合いを進めようとしていますか。流れにそって、二つ書きましょう。（15×2）

1（事前に案を考えてきている提案者の六人が、意見を出す。）
2（どうやって決めるかを考え、その決め方にそって話し合う。）

③ 竹内さんの意見にさんせいしている人は、だれですか。（10）

（小森）さん

(2) 次の文章は、クラスみんなで話し合いを行うときの流れをまとめたものです。（　）にあてはまる言葉を□から選んで書きましょう。（5×4）

① 議題をたしかめる。
（役わり）を決め、（目的）と
② 話し合いの（じゅんび）をする。
③ クラス全体で話し合う。
④ 話し合いの（しかた）について、気づいたことを伝え合う。

しかた　目的　役わり　じゅんび

（令和六年度版 光村図書 国語 四下 はばたき「クラスみんなで決めるには」による）

(3) 話し合いの役わりには、主に次の三つがあります。それぞれの役わりの説明としてあてはまるものを下から選び、——線で結びましょう。（10×3）

① 司会グループ（司会・記録係・時間係）
② 提《てい》案者
③ 参加者

議題について、自分の考えを提案する。
多くの参加者が発言できるようにし、意見を整理しながら進行する。
進行にそって、自分の立場や考えを発言する。

（令和六年度版 光村図書 国語 四下 はばたき「クラスみんなで決めるには」による）

45頁

未来につなぐ工芸品 (1)

名前

わたしは、工芸品を未来の日本にのこしていきたいと考えています。それには、二つの理由があります。
一つ目の理由は、工芸品が、過《か》去、げんざいと続いてきた日本の文化やげいじゅつを、未来につないでくれることです。㋐、奈良県に、㋐「奈良墨《ならすみ》」という工芸品があります。奈良墨は、千年以上も前から、文字や絵をかくための道具として使われてきました。木や紙にかかれた墨は、今も消えることなくのこっていて、当時の文化をわたしたちに伝えてくれています。㋑、げんざいも、書家や画家、墨で文字や絵をかくことを楽しむ人たちの中に、色合いが美しく、かきごこちのよい奈良墨を使っている人が多くいます。そうしてかかれたものは、㋑未来に、今を伝えてくれることでしょう。茶道で使う茶わん、落語家のせんす、祭りのときのちょうちんや和だいこなども同じです。㋒職《しょく》人が作るさまざまな工芸品があるからこそ、日本の文化やげいじゅつを未来にのこせるのです。

（令和六年度版 光村図書 国語 四下 はばたき 大牧 圭吾）

(1) ㋐、㋑にあてはまるつなぎ言葉を□から選んで書きましょう。（10×2）

㋐（例えば）　㋑（そして）

しかし　そして　例えば

(2) ㋐「奈良墨」について、答えましょう。（15×2）

① 奈良墨とは、何をするための道具ですか。

（文字や絵をかくための道具）

② げんざいも、奈良墨を使っている人が多くいるのは、なぜですか。

（色合いが美しく、かきごこちがよいから。）

(3) ㋑未来に、今を伝えてくれることでしょう。とは、どんな意味ですか。正しいものに○をつけましょう。（15）

（　）未来の文化やげいじゅつを今、想像することができる。
（○）今の文化やげいじゅつを、未来の人が見ることができる。
（　）過去の文化やげいじゅつを、今の人や未来の人が見ることができる。

(4) 日本の文化やげいじゅつを未来につないでくれる工芸品は、奈良墨の他にどんなものがありますか。文中から四つ抜き出しましょう。（5×4）

（茶わん）（せんす）（ちょうちん）（和だいこ）

(5) ㋒職人が作るさまざまな工芸品は、どんな役わりを果たしていますか。（15）

（日本の文化やげいじゅつを未来にのこす役わり。）

46頁

未来につなぐ工芸品 (2)

名前

二つ目の理由は、かんきょうを未来につないでくれることです。工芸品には、材料や作り方の面で、かんきょうへの負荷《か》が少ないというとくちょうがあります。また、長く使えるように作られているので、ごみをへらすことにもなります。岩手県の㋐「南《なん》部鉄器《ぶてっき》」を例に見てみましょう。ある工房《ぼう》では、火山岩のすなとねん土をまぜて型《かた》を作り、そこに木炭の火でとかした鉄を流しこんで（写真①）、鉄びんやふうりんなどを作ります。さびをふせぐために木炭で熱し（写真②）、仕上げにうるしをぬって色をつけるのですが、そのときに使うはけ（写真③）も、「クゴ」という植物でできています。南部鉄器は、鉄、木炭、すな、ねん土、うるし、クゴなど、自然にある素《そ》材で、電気や化学薬品を使わなくても作ることができるのです。さびにくく、じょうぶなので、五十年、百年と使い続けることができます。材料や作り方、そして長く使えるという点で、㋑かんきょうにやさしいといえます。

（令和六年度版 光村図書 国語 四下 はばたき 大牧 圭吾）

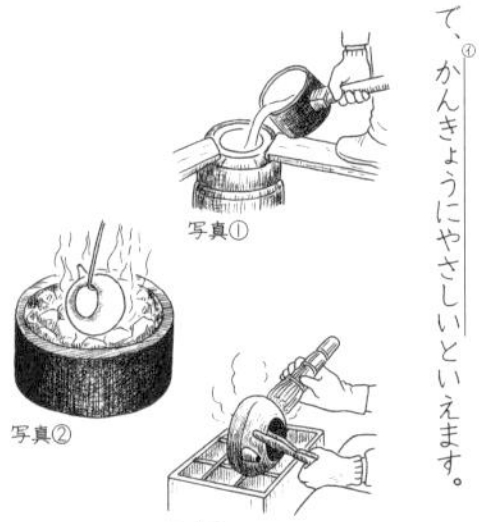
写真①
写真②
写真③

1 工芸品には、どんなとくちょうがありますか。二つ書きましょう。（10×2）

（材料や作り方の面で、かんきょうへの負荷が少ない。）
（長く使えるように作られている。）

2 ㋐「南部鉄器」について、答えましょう。

(1) 「南部鉄器」は、ある工房ではどのように作られていますか。作り方の順になるように、（　）に1～4の番号を書きましょう。（5×4）

（3）木炭で鉄びんやふうりんなどを熱する。
（4）うるしをぬって色をつける。
（2）とかした鉄を流しこむ。
（1）型を作る。

(2) 「南部鉄器」は㋑かんきょうにやさしいことについて、答えましょう。

① 「南部鉄器」は、どんな点で、かんきょうにやさしいといっていますか。三つ書きましょう。（10×3）

材料　作り方　長く使える

② 「南部鉄器」のどんな材料が、かんきょうにやさしいのですか。（10）

（鉄、木炭、すな、ねん土、うるし、クゴなど、自然にある素材。）

③ 「南部鉄器」のどんな作り方が、かんきょうにやさしいのですか。（10）

（電気や化学薬品を使わなくても作ることができる。）

④ 「南部鉄器」は、なぜ長く使えるのですか。（10）

（さびにくく、じょうぶだから。）

解答例

本書の解答は，あくまでもひとつの例です。児童に取り組ませる前に，必ず指導される方が問題を解いてください。指導される方の作られた解答をもとに，児童の多様な考えに寄り添って○つけをお願いします。

47頁

慣《かん》用句《く》 (1)

(1) 次の慣用句の（　）には、動物の名前が入ります。□から選んで、慣用句を完成させましょう。(5×6)

① （すずめ）のなみだ
② （ねこ）の手もかりたい
③ （犬）の遠ぼえ
④ （馬）が合う
⑤ （おうむ）返し
⑥ へびににらまれた（かえる）

馬　すずめ　犬　かえる　おうむ　ねこ

(2) 次の動物に関する慣用句の意味を□から選んで、記号を書きましょう。(5×4)

① 借りてきたねこ　ウ
② ふくろのねずみ　ア
③ ねこのひたい　エ
④ つるの一声　イ

㋐ 追いつめられてどこにもにげる場所がないこと。
㋑ 多くの人をしたがわせる、力をもった人のひと言。
㋒ ふだんとちがっておとなしいこと。
㋓ たいへんせまい場所のこと。

(3) 次の慣用句の（　）には、体の部分の名前が入ります。□から選んで、慣用句を完成させましょう。(5×6)

① （顔）が広い
② （頭）をひねる
③ （こし）がぬける
④ （口）をはさむ
⑤ （鼻）が高い
⑥ （耳）にたこができる

耳　こし　鼻　顔　口　頭

(4) 次の①、②の体の部分に関する慣用句は、それぞれ□に同じ漢字が入ります。あてはまる漢字を〔　〕に書きましょう。(10×2)

① 〔目〕　□が回る・□にあまる・□をうたがう
② 〔手〕　□をやく・□につかない・□にあせをにぎる

名前

48頁

慣《かん》用句《く》 (2)

(1) ①〜④の（　）に入る言葉を□から選んで、慣用句を完成させましょう。(6×4)

① （実）を結ぶ
② （うり）二つ
③ （エンジン）がかかる
④ （メス）を入れる

うり　メス　エンジン　実

(2) ①〜④の（　）に入る慣用句を□から選んで書きましょう。(7×4)

① 冬休みはしっかり勉強しようと、（えりを正す）。
② 姉が、親せきの子どもの（世話を焼く）。
③ ケンカした二人の（仲を取りもつ）。
④ 農作業は、（ほねがおれる）仕事だ。

仲を取りもつ　えりを正す　ほねがおれる　世話を焼く

(3) ①〜④の（　）に入る慣用句を□から選んで書きましょう。(7×4)

① あの宝石が、（のどから手が出る）ほどほしい。
② きれいな音色にじっと（耳をかたむける）。
③ 山田さんとは気が合うので、（話がはずむ）。
④ 終わったことは、（水に流す）。

耳をかたむける　水に流す　のどから手が出る　話がはずむ

(4) 次の慣用句の意味を下から選んで、——線でむすびましょう。(5×4)

① 心がおどる
② 口がすべる
③ 耳が早い
④ 水をさす

・うわさやニュースを知るのが早い。
・うれしくてわくわくする。
・じゃまをする。
・うっかり言ってしまう。

名前

49頁

短歌・俳《はい》句《く》に親しもう (二)

(1) 次の短歌とその解《かい》説を読んで答えましょう。

あ 晴れし空／仰《あお》げばいつも／口笛を／吹《ふ》きたくなりて／吹きてあそびき　石川《いしかわ》　啄木《たくぼく》

（解説）晴れた空を見上げると、いつも口笛を吹きたくなって、それを吹いて遊んでいた。

い 金色の／ちひさき鳥《(と)》の／かたちして／銀杏《いちょう》ちるなり／夕日の岡に　与謝野《よさの》　晶子《あきこ》

（解説）金色にかがやく小さな鳥のような形をして、銀杏の葉がちっている。夕日の差す岡の上に。

う ゆく秋の／大和《やまと》の国の／薬師寺《やくしじ》の／塔《とう》の上なる／一《ひと》ひらの雲　佐佐木《ささき》　信綱《のぶつな》

（解説）秋も終わりのころの大和の国（今の奈良県）にある薬師寺。その塔を見上げると、すんだ空に一片《ぺん》の雲がうかんでいる。

（令和六年度版　光村図書　国語　四下　はばたき「短歌・俳句に親しもう（二）」による）

① 右の三つの短歌を、五・七・五・七・七のリズムになるように「／」線で区切りましょう。(5×3)

② あの短歌について、何をすると口笛を吹きたくなるといっていますか。（解説）を読んで答えましょう。(10)

（晴れた空を見上げる。）

③ いの短歌について、与謝野晶子は銀杏の葉を何のかたちにたとえていますか。短歌から抜き出しましょう。(10)

（金色のちひさき鳥）のかたち

④ うの短歌は、「の」のくり返しがリズムを生んでいます。短歌の中の「の」の字を、○でかこみましょう。(5)

(2) 次の俳句を読んで答えましょう。

え 柿《かき》くへば／鐘《かね》が鳴るなり／法隆寺《ほうりゅうじ》　正岡《まさおか》　子規《しき》

お 桐《きり》一葉《ひとは》／日当たりながら／落ちにけり　高浜《たかはま》　虚子《きょし》

か 秋空に／つぶてのごとき／一羽《わ》かな　杉田《すぎた》　久女《ひさじょ》

（令和六年度版　光村図書　国語　四下　はばたき「短歌・俳句に親しもう（二）」による）

① 右の三つの俳句を、五・七・五のリズムになるように「／」線で区切りましょう。(5×3)

② えの俳句について、季語を書きましょう。また、季節は春・夏・秋・冬のうち、いつですか。(5×2)

季語（柿／かき）　季節（秋）

③ おの俳句について、桐の葉は何まい落ちたのですか。漢数字で書きましょう。(5)

（一）まい

④ かの俳句について、㋐つぶてのごときの意味は次のうちどれですか。正しい方に○をつけましょう。(6)

（　）羽をつぶされないように。
（○）すっと小石を投げたように。

⑤ （　）にあてはまる漢字一文字を□から選んで書き、え〜かの三つの俳句の解説を完成させましょう。(3×8)

え 柿を（食）べていると、ちょうどそのとき、鐘の（音）がひびいてきた。ああ、法隆寺の鐘だ。

お 桐の（葉）が（一）まい、秋の（日）の光に照らされながら、落ちた。

か （秋）の高い青空に、すっと小（石）を投げたようにただ一羽、（鳥）が飛んでいくなあ。

日　音　鳥　秋　食　一　石　葉

名前

50頁

友情《じょう》のかべ新聞 (1)

今日、月曜日。㋐東《ひがし》君と西《にし》君は、中井先生にしかられている。学芸会のじゅんびで言い争ったあげく、そのはずみで花びんをわってしまったからだ。先週も、犬とねこのどっちがいいかで大さわぎしたばかりなので、いつも以上にしかられている。

われた花びんを前に、㋑顔をこわばらせて立っている二人。

あ「西君が当たって、花びんが落ちたんです。」

い「それは、東君がおしたからです。」

二人の言い分に、

「東君も西君も、相手のせいにばかりして、少しも反省していないな。」

と、きびしい顔をする先生。そして、ため息をついた。

「君たちは、本当に仲が悪いな。」

先生は、とても悲しそうだ。しばらく考えてから、指を一本のばした。

「放課後、東君と西君とで協力して、かべ新聞を作りなさい。これは、君たちが仲よくなるために、㋒先生が考えた作戦だ。」

う「ええっ。」

㋓不満げな声を上げる二人。そして、同時に言った。

え「協力なんて、無理です。」

おどろく先生。

「こういうときは、㋔気が合うんだね。」

（令和六年度版　光村図書　国語　四下　はばたき　はやみね　かおる）

(1) ㋐東君と西君は、中井先生にしかられている。とありますが、なぜですか。(10)

（学芸会のじゅんびで言い争ったあげく、そのはずみで花びんをわってしまったから。）

(2) ㋑顔をこわばらせてとありますが、「顔をこわばらせる」とはどんな意味ですか。正しい方に○をつけましょう。(10)

（○）きんちょうして、表情がかたくなる。
（　）怖くて、思わず顔をそむける。

(3) あ〜えは、それぞれだれが言った言葉ですか。（　）に「東君」「西君」「二人」のどれかを書きましょう。(5×4)

あ（東君）　い（西君）　う（二人）　え（二人）

(4) ㋒先生が考えた作戦について、答えましょう。(10×2)

① どんな作戦ですか。

（東君と西君とで協力して、かべ新聞を作る作戦。）

② 先生は、何のためにその作戦を考えたのですか。

（東君と西君が仲よくなるため。）

(5) 二人は、どんな気持ちから㋓不満げな声を上げたのですか。(15)

（二人で協力して、かべ新聞を作るのは無理だという気持ち。）

(6) ㋔気が合うについて、答えましょう。

① だれとだれの気が合うのですか。(5×2)

（東君）と（西君）

② 先生は、なぜ気が合うと言ったのですか。(15)

（二人が同時に、「協力なんて、無理です。」と言ったから。）

名前

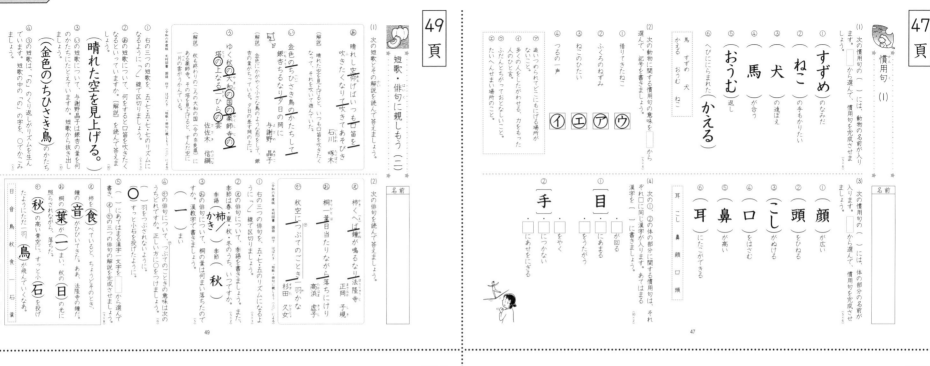

51頁

友情のかべ新聞 (2)

名前

「あの二人が、協力ねえ。」

「無理だよ。」

「ぜったい、けんかするね。」

みんな、そんなうわさをした。

なのに、火曜日の朝、教室に入ったぼくらは、㋐びっくりした。真新しい紙に書かれたかべ新聞のどうどうとしたすがたが、目に飛びこんできたからだ。

教室の後ろのけいじ板。表面には、緑のシートがはられている。向かって右の方には、ほけん室や図書館からの通信などがはってある。そして、左の方は、これまで何もはられていなかった。

㋑そこに今、上の方が青い油性《せい》ペンでふち取られた、大きなかべ新聞がはってある。

新聞の右側には「海外でかつやくするサッカー選手」「気をつけたい　ねこの病気」、左側には「読書感想文を書きやすい本」「おすすめ　犬のさんぽコース」――そんな記事が書かれたかべ新聞を前に、みんなは何も言えなかった。

そして、同じことを思った。

㋒「どうして――。」

でも、中井先生はちがった。東《ひがし》君と西《にし》君を前にして、㋓とくい顔だ。

「先生の作戦どおりだ。仲よく作業すると、気持ちいいだろ。」

㋔二人は、顔を見合わせてから、うつむく。

みんなの意見は、真っ二つに分かれた。

㋕「これをきっかけに、仲よくなるんじゃないかな。」

「いや、そんなにかんたんなものじゃないだろう。」

学級会よりしんけんな話し合いの末、仲よくするのは無理だというけつろんでまとまった。


（令和六年度版　光村図書　国語　四下　はばたき　はやみね　かおる）

(1) ㋐びっくりした。とありますが、なぜですか。(15)

(教室の後ろのけいじ板に、かべ新聞がはってあるのを見つけたから。)

(2) ㋑そこについて、答えましょう。(10×2)

① そことは、どこを指していますか。

(教室の後ろのけいじ板の、これまで何もはられていなかった、左の方。)

② そこには、今、何がはってありますか。

(上の方が青い油性ペンでふち取られた、大きなかべ新聞。)

(3) ㋒「どうして――。」について、答えましょう。

① だれが思った言葉ですか。正しいものに◯をつけましょう。(10)

(　) 「ぼく」が思った言葉。

(◯) みんなが思った言葉。

(　) 先生が思った言葉。

② 「――」の部分には、どんな言葉が入ると思いますか。あなたの考えを書きましょう。(15)

(例)

(仲が悪い東君と西君が、協力してかべ新聞を作れたんだろう。)

(4) ㋓とくい顔とは、どんな顔ですか。正しい方に◯をつけましょう。(10)

(　) 不満そうな顔
(◯) 満足そうな顔

(5) ㋔みんなの意見は、どんなけつろんでまとまりましたか。(15)

(東君と西君が、仲よくするのは無理だというけつろん。)

(6) ㋕これとは、どんなことですか。(15)

(東君と西君が、協力してかべ新聞を作ったこと。)

51

52頁

友情のかべ新聞 (3)

名前

㋐ここからは、ぼくのすいりだ。

記事を書き終わり、青が好きな東《ひがし》君が、青い油性《せい》ペンで新聞をふち取ろうとする。それを、赤が好きな西《にし》君がいやがって、止めようとする。

もみ合う二人。手に持っていた油性ペンがけいじ板に当たって、シートにインクが付く。インクは、ぞうきんでふくだけでは落ちない。

最近の二人はしかられ続けている。それなのに、けいじ板をよごしたのが知られたら、またどれだけしかられることか。

「正直にあやまろう。」

どちらかがそう言っても、㋑相手はさんせいしない。相手の意見に反対するのが、くせになっているからだ。

どっちが悪いか言い争っているとき、見回りの先生の足音が聞こえたりしたら――。

二人は、とっさにかべ新聞で㋒よごれをかくしてしまった。あせっていたから、ほんの少しだけ、新聞のはしからインクが見えてしまっていることに気づかなかった。

そして、よごれをかくした二人には、㋓新しく心配なことができた。

相手が、先生に言ってしまうのではないかと思ったのだ。それも、「自分は悪くありません。全部、相手が悪いんです。」というように。

[あ]、おたがいから目をはなせなくなり、いつもいっしょにいるようになった。

その間、二人は油性ペンをさわりたくなかった。[い]、後ろめたさでしょくよくがなくなり、プリンを取り合わなかった。

その後――。

いっしょにいるうちに、相手がどんなやつか分かってきた。㋔不思議なことに、二人でいるのが楽しくなってきた。無理に仲よくなろうとしたんじゃない。相手のことを知るうちに、「なんだ、そんなにいやなやつじゃないじゃないか。」㋕そう思えてきたのだ。

そして、それで十分だった。

（令和六年度版　光村図書　国語　四下　はばたき　はやみね　かおる）

(1) ㋐ここからはとありますが、ぼくのすいりはどこからどこまでですか。文中から、初めと終わりの五文字を書きましょう。(15)

記事を書き 〜 十分だった。

(2) ㋑相手はさんせいしない。とありますが、なぜですか。(10)

(相手の意見に反対するのが、くせになっているから。)

(3) ㋒よごれは、どこに付いていますか。(10)

(けいじ板／シート)

(4) ㋓新しく心配なこととは、どんなことですか。(15)

(相手が、よごれのことを「自分は悪くない。全部、相手が悪い。」というように、先生に言ってしまうのではないかということ。)

(5) [あ]、[い]に入るつなぎ言葉を[　]から選んで書きましょう。(10×2)

だから　けれども　また

㋐(だから)　㋑(また)

(6) ㋔不思議なこととは、どんなことですか。(15)

(二人でいるのが楽しくなってきたこと。)

(7) ㋕そうとは、何を指していますか。文中から抜き出しましょう。(15)

(「なんだ、そんなにいやなやつじゃないじゃないか。」)

52

53頁

もしものときにそなえよう

名前

1 次の竹内さんの文章を読んで、答えましょう。

● 竹内さんの文章

㋐ じしんへのそなえで大切なことは、自分や家族にとって必要な物を用意することだと考える。

㋑ [ア]、ぼくの妹は、生後八か月だ。当然、ぼくたちとは必要な物がちがう。「災害にそなえよう」という本の「赤ちゃんに必要な物リスト」を見ると、飲みなれている種類のミルクやほにゅうびん、紙おむつなどを用意しておくとよいことが分かった。
ぼくの家には犬もいる。市の資料によると、東中学校が、けがをした動物のちりょうもするひなん所になるようだ。同じ資料には、「ふだんからほえないようにしつけ、キャリーバッグや食事を用意しておく」とあった。

㋒ このように、必要なそなえは、人によってちがう。みなさんも、自分や家族には何が必要かを考え、そなえを見直してはどうだろう。

（令和六年度版　光村図書　国語　四下　はばたき　「もしものときにそなえよう」による）

(1) ㋐〜㋒の部分は、それぞれどんな役わりがありますか。あてはまるものを――線で結びましょう。(5×3)

㋐ ―― 自分の考え
㋑ ―― 理由や例
㋒ ―― 自分の考え／みんなへのよびかけ

(2) [ア]にあてはまるつなぎ言葉を一つ選んで、◯をつけましょう。(5)

(　) なぜなら　(　) ところが　(◯) 例えば

(3) じしんへのそなえについて、竹内さんは次の①、②のために用意しておくもの・ことの例を挙げています。どんな例ですか。それぞれ書きましょう。(5×6)

① 生後八か月の妹のため

(飲みなれている種類のミルク)(ほにゅうびん)(紙おむつ)

② 家でかっている犬のため

(ほえないようにしつけておくこと)(キャリーバッグ)(食事)

2 次の文章は、テーマにそって調べて分かったことと、自分の考えたことを伝える文章を書くときの流れをまとめたものです。(　)にあてはまる言葉を[　]から選んで書きましょう。(10×5)

① (テーマ)を決めて調べ、整理する。
② 文章の(組み立て)をたしかめる。
③ (理由)や例を挙げて、(考え)を伝える文章を書く。
④ 書いた文章を読み返す。
⑤ 文章を読んで、(感想)を伝え合う。

組み立て　感想　理由　テーマ　考え

53

54頁

季節の言葉4　冬の楽しみ

名前

1 次の十二月〜二月のべつの言い方を下から選び、――線でむすびましょう。(6×3)

① 十二月 ―― 師走《しわす》
② 一月 ―― 睦月《むつき》
③ 二月 ―― 如月《きさらぎ》

2 ――の部分を漢字にして、次の言葉を(　)に書きましょう。(7×4)

① はつゆめ (初ゆめ)
② しんしゅん (新春)
③ せつぶん (節分)
④ ふくはうち (福は内)

3 次の文は、あとの[　]の中の、どの言葉をせつ明していますか。(　)に記号を書きましょう。(7×2)

(1) (ウ) 十二月二十二日ごろ。一年の中で最も昼の時間が短い日。
(2) (ア) 十二月十三日。正月に向けてのじゅんびを始める日。

㋐ 正月事始め　㋑ 夏至　㋒ 冬至

4 次の[　]には、それぞれ、「春の七草」と、「秋の七草」が書かれています。あてはまるように、上と下を――線で結びましょう。(10×2)

(1) 春の七草 ―― せり　なずな　ごぎょう　はこべら　ほとけのざ　すずな　すずしろ
(2) 秋の七草 ―― はぎ　くず　おみなえし　すすき　ききょう　なでしこ　ふじばかま

5 次の俳句《はいく》について答えましょう。

(1)
使は《わ》ざる／部屋も灯《とも》して／豆を撒《ま》く
馬場《ばば》　移公子《いくこ》

（令和六年度版　光村図書　こくご　四下　はばたき　「冬の楽しみ」による）

① この俳句の季語を、ひらがな五文字で書きましょう。(10)

まめをまく

② 五七五のリズムで読めるように、俳句を／で区切りましょう。(10)

54

解答例

本書の解答は，あくまでもひとつの例です。児童に取り組ませる前に，必ず指導される方が問題を解いてください。指導される方の作られた解答をもとに，児童の多様な考えに寄り添って○つけをお願いします。

55頁

自分だけの詩集を作ろう

名前

まんげつ　　みずかみ　かずよ

でっかいつきだ
セメントこうばの　えんとつおして
のん　のん　のん　のん
ぼくのかたにのっかりそうだ

（令和六年度版　光村図書　国語　四下　はばたき　みずかみ　かずよ）

月　　こやま　峰子《みねこ》

雲のうんだ　たまご

（令和六年度版　光村図書　国語　四下　はばたき　こやま　峰子）

上弦《じょうげん》の月　　堀田《ほった》　美幸《みゆき》

㋐すっかり明けきった
青空に
㋑うすく浮《う》かんだ
半分だけのお月さま
もう半分を
さがしてる

（令和六年度版　光村図書　国語　四下　はばたき　堀田　美幸）

1 「まんげつ」を読んで、答えましょう。（15×2）

(1) でっかいつきにおされているのは、何ですか。

セメントこうばの（**えんとつ**）

(2) でっかいつきは、どこにのっかりそうですか。

（**ぼくのかた**）

2 「月」を読んで、答えましょう。（15×2）

(1) この詩の中の「たまご」は、何を表していますか。漢字一文字で書きましょう。

月

(2) この詩の月は、どんな月ですか。正しいものに○をつけましょう。

（　）三日月
（　）半月
（**○**）満月

3 「上弦の月」を読んで、答えましょう。

(1) ㋐すっかり明けきったとは、どんな空を表していますか。正しい方に○をつけましょう。（15）

（　）夜が明けてまだうす暗い空
（**○**）夜が明けて明るくなった空

(2) ㋑うすく浮かんだとありますが、どのような様子の月を表していますか。正しい方に○をつけましょう。（15）

（**○**）白っぽい月
（　）黄色くかがやいている月

(3) 上弦の月は、どんな形の月ですか。正しいもの一つに○をつけましょう。（10）

（　）○　（**○**）◐　（　）◑

55

56頁

熟語《じゅく》の意味　(1)

名前

(1) 次の熟語を、〈例〉のように漢字の訓を手がかりにして、意味がわかるように書き直しましょう。（4×8）

〈例〉等分 →（**等しく分ける**）
① 日光 →（**日の光**）
② 木刀 →（**木の刀**）
③ 人力 →（**人の力**）
④ 深海 →（**深い海**）
⑤ 流星 →（**流れる星**）
⑥ 多数 →（**多くの数**）
⑦ 改良 →（**改めて良くする**）
⑧ 見学 →（**見て学ぶ**）

(2) 〈例〉のように、次の意味をもつ熟語を書きましょう。（4×6）

〈例〉白い紙 →（**白紙**）
① 竹の林 →（**竹林**）
② 親しい友 →（**親友**）
③ 同じ時 →（**同時**）
④ 水の災害 →（**水害**）
⑤ 伝えて言う →（**伝言**）
⑥ 前に進む →（**前進**）

(3) 次の漢字の組み合わせ方でできた熟語を、それぞれ□から選んで書きましょう。（4×8）

① にた意味をもつ漢字の組み合わせ　（**加入**）（**周辺**）
② 反対の意味をもつ漢字の組み合わせ　（**勝敗**）（**高低**）
③ 上の漢字が、下の漢字を修飾《しゅうしょく》する関係にある組み合わせ　（**海底**）（**外国**）
④ 「──を」「──に」に当たる意味の漢字が下に来る組み合わせ　（**帰国**）（**読書**）

勝敗　帰国　加入　高低
海底　周辺　読書　外国

(4) 〈例〉のように、漢字の組み合わせを手がかりにして、次の熟語の意味が分かるように、□に言葉を書きましょう。（3×4）

〈例1〉願望　**願い**・**望み**
〈例2〉老木　**老いた木**
① 売買　**売る**・**買う**
② 消失　**消える**・**失う**
③ 着陸　**陸に着く**
④ 最多　**最も多い**

56

57頁

熟語《じゅく》の意味　(2)

名前

(1) 〈例〉のように、上と下の□から漢字を一つずつ選び、にた意味をもつ漢字を組み合わせて作った熟語を、（　）に書きましょう。また、その熟語の漢字それぞれの意味を□に書きましょう。（6×3）

思　運
救　同

助　送
等　考

〈例〉（**思考**）　**思う**・**考える**
①（**運送**）　**運ぶ**・**送る**
②（**救助**）　**救う**・**助ける**
③（**同等**）　**同じ**・**等しい**

(2) 〈例〉のように、上と下の□から漢字を一つずつ選び、反対の意味をもつ漢字を組み合わせて作った熟語を、（　）に書きましょう。また、その熟語の漢字それぞれの意味を□に書きましょう。（6×3）

明　軽
苦　強

重　楽
暗　弱

〈例〉（**明暗**）　**明るい**・**暗い**
①（**軽重**）　**軽い**・**重い**
②（**苦楽**）　**苦しい**・**楽しい**
③（**強弱**）　**強い**・**弱い**

(3) 〈例〉のように、上の漢字が、下の漢字を修飾《しゅうしょく》する関係にある熟語を作ります。□から選んで、□に当てはまる漢字を書きましょう。また、その熟語の意味を（　）に書きましょう。（8×4）

〈例〉右**折**（右に折れる）
① 前**進**（**前に進む**）
② 楽**勝**（**楽に勝つ**）
③ 外**国**（**外の国**）
④ 水**流**（**水の流れ**）

勝　進　流　折　国

(4) 〈例〉のように、「──を」「──に」に当たる意味の漢字が下に来る熟語を作ります。□から選んで、□に当てはまる漢字を書きましょう。また、その熟語の意味を（　）に書きましょう。（8×4）

〈例〉**消**火（火を消す）
① **登**山（**山に登る**）
② **読**書（**書を読む**）
③ **作**文（**文を作る**）
④ **開**票（**票を開く**）

登　消　開　読　作

57

58頁

風船でうちゅうへ　(1)

名前

　子どものころから、いつか、うちゅうへ行くものを、何か、自分で作りたいと考えていました。しかし、大学でうちゅうについて勉強すると、㋐それには、大がかりなそうちや、たくさんの人、さらには、多くのお金が必要だと分かり、とても自分にはできそうにないとあきらめかけていました。

　㋐、二〇一一年八月、大学生活最後の夏休みに、「アメリカの大学生が、自作そうちで、うちゅうと地球をさつえいした」というニュースを目にしました。記事には、自分で作ったそうちとカメラを風船につるして、うちゅうをさつえいしたということが書かれていました。㋑「これなら、自分でもできるかもしれない。」そんな思いから、わたしのちょうせんは始まりました。

　二か月後の十月、㋒一号機が完成しました。カメラをはっぽうスチロールでおおったそうちに、二十五個の風船を付けたものです。うちゅうをさつえいするための最初の実験として、百メートルほどの高さまで飛ばしてみることにしました。カメラは、小さくて軽い、動画がとれるものにし、一号機がどこかへ行ってしまわないように、ひもを付けて、地上とつなぐことにしました。

　通っていた北海道大学の、広い農地から打ち上げた一号機は、百メートルほどの高さまでふんわりと上がり、空にただよいました。しかし、回収《しゅう》したカメラにうつっていたのは、ぐわんぐわんとゆれたえいぞうで、㋓ポコポコという音も聞こえました。わたしは、風船どうしがぶつかり、そのゆれが、カメラに伝わってしまったのではないかと考えました。物事には、やってみて初めて分かることがあります。㋔一号機の失敗は、次に進むためのヒントをくれました。

（令和六年度版　光村図書　国語　四下　はばたき　岩谷　圭介）

(1) ㋐それとは、何を指していますか。（15）

（**うちゅうへ行くものを（自分で）作ること。**）

(2) ㋐に入るつなぎ言葉として正しいものに、○をつけましょう。（10）

（　）だから
（**○**）ところが
（　）つまり

(3) ㋑これとは、何を指していますか。（15）

（**自分で作ったそうちとカメラを風船につるして、うちゅうをさつえいすること。**）

(4) ㋒一号機の説明として、正しいものには○、まちがっているものには×を（　）につけましょう。（10×4）

（**○**）カメラは、はっぽうスチロールでおおわれている。
（**×**）風船が二十個付いている。
（**×**）カメラは、大きくて軽い、動画がとれるものである。
（**○**）ひもを付けて、地上とつなぐ。

(5) ㋓ポコポコという音を、筆者はどんな音であると考えましたか。（10）

（**風船どうし**）がぶつかり、そのゆれが、（**カメラ**）に伝わった音。

(6) ㋔一号機の失敗は、筆者に何をくれましたか。（10）

（**次に進むためのヒント**）

58

59頁

風船でうちゅうへ (2)

名前

さて、ここまではひもを付けて実験しましたが、これでは、うちゅうがさつえいできるほど高くは飛べません。㋐四号機からは、ひもなしで飛ばすことにしました。

三号機までの実験で、風船は一個《こ》がよいと分かったので、できるだけ大きい風船をさがしました。しかし、うちゅうがさつえいできる高さまで、一個で上がるほど大きいものは、なかなか見つかりません。ゆれの問題があるのは分かっていましたが、高く上げることを第一に考え、㋑風船を三つ使うことにしました。また、カメラの入ったそうちの周りや上部に小さな風船をたくさん付け、落ちてくるときの安全性《せい》を高めました（図④）。そして、予想しない飛行も追えるように、地球上での位置を調べるGPS《ジーピーエス》端《たん》末も付けました。

こうしてできた四号機は、初めはほぼ予想どおりに飛びましたが、とちゅうから想定外の方向に飛んでいき、最終的には、太平洋沖合いに落ちてしまいました。GPS端末もこわれ、四号機がどこにあるのかも分かりません。自分には無理なちょうせんだったのかもしれないと、暗い気持ちになりました。

しかし、十日後、四号機が見つかります。念のため、そうちにれんらく先を書いておいたことが役立ちました。運よく岸に流れ着いたそうちを拾ってくれた方が、れんらくをくれたのです。わたしは、㋒「もう少しがんばってみたらいいんじゃないか。」と言われたような気がしました。

図④

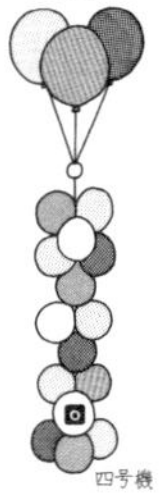

四号機

（令和六年度版　光村図書　国語　四下　はばたき　岩谷　圭介）

(1) ㋐四号機からの実験と、三号機までの実験では、何がちがいますか。 ⑩

（三号機まではひもを付けて実験していたが、四号機からはひもなしで実験するというちがい。）

(2) ㋑風船を三つ使うとありますが、なぜ一個にしなかったのですか。 ⑩

（大きい風船が見つからず、高く上げることを第一に考えたため。）

(3) 四号機の説明として、正しいものには○、まちがっているものには×をつけましょう。 (10×3)

（×）できるだけ大きい風船を一個使った。

（×）落ちてくるときの安全性を高めるために、そうちの下部に小さな風船をたくさん付けた。

（○）予想しない飛行も追えるように、GPS端末を付けた。

(4) 四号機はどのように飛んで、どこに落ちましたか。（　）に1〜4の順番を書きましょう。 (10×4)

（2）想定外の方向に飛んでいった。

（4）岸に流れ着いた。

（3）太平洋沖合いに落ちた。

（1）ほぼ予想どおりに飛んだ。

(5) 「わたし」が、㋒「もう少しがんばってみたらいいんじゃないか。」と言われた気がしたのはなぜですか。 ⑩

（岸に流れ着いたそうちを拾ってくれた方がれんらくをくれ、四号機が見つかったから。）

60頁

風船でうちゅうへ (3)（全文読解《どっかい》）

名前

教科書

「風船でうちゅうへ」を読んで、答えましょう。

(1) わたしのちょうせんが始まるきっかけとなった出来事は何ですか。 ⑩

（アメリカの大学生が風船を使った自作そうちで、うちゅうと地球をさつえいしたというニュースを見たこと。）

(2) 一号機から四号機までの説明としてあてはまるものをそれぞれ選び、（　）に一〜四の番号を書きましょう。 (5×4)

（三）ひもの結び方を改良し、風の弱い日に打ち上げた。

（二）少し大きな風船を一個《こ》だけ付けた。

（四）風船を三つ使い、カメラの入ったそうちの周りや上部に小さな風船をたくさん付け、GPS《ジーピーエス》端《たん》末も付け、ひもなしで飛ばした。

（一）カメラをはっぽうスチロールでおおったそうちに、二十五個の風船を付けた。

(3) 四号機の実験について、次の問いに答えましょう。

① 四号機の実験は、どんな失敗をしましたか。具体的に書きましょう。 ⑩

（とちゅうから想定外の方向に飛んでいき、太平洋沖合いに落ちて、GPS端末もこわれ、行方が分からなくなってしまったという失敗。）

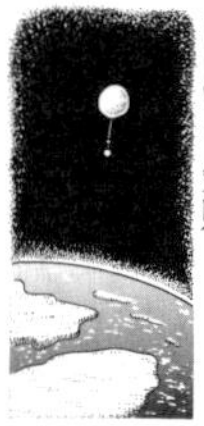

② 筆者が四号機の実験から分かったことを二つ書きましょう。 (10×2)

（風船が飛ぶ方向や速さを正しく予測する方法を考える必要があること。）

（えいぞうがぶれるげんいんは、地上とつなぐひもにあること。）

(4) 一つのとても大きな風船を使うとよいとありますが、筆者がこのけつろんにたどり着いた理由は何ですか。正しい方に○をつけましょう。 ⑩

（　）風船を複数使うと、風船どうしがぶつかり、そのゆれてえいぞうがぶれるから。

（○）風船の数が多いほど、上がる速度がおそくなってしまうから。

(5) 筆者がはじめてうちゅうのあざやかな景色をたくさんさつえいできたのは、何号機ですか。 ⑤

（十六号機）

(6) 全体の文章について、正しいものには○、まちがっているものには×をつけましょう。 (5×5)

（×）地上とつなぐひもを付けることで、えいぞうのぶれをふせぐことができる。

（○）そうちの周りや上部に小さな風船をたくさん付けることで、落ちてくるときの安全性《せい》が高まる。

（×）風船が多いほうが速く上がる。

（×）えいぞうのぶれをふせぐため、風船は必ず一個にする必要がある。

（○）そうちにGPS端末を付けても、こわれてしまうことがある。

61頁

つながりに気をつけよう (1)

名前

(1) 〈例〉のように、次の文の主語と述《じゅつ》語が正しく対おうするように、——線の言葉を書き直しましょう。 (8×8)

〈例〉 わたしのしゅみは、本を読みます。

（読むことです）

① わたしの夢は、先生になります。

（なることです）

② ぼくの目標は、試合でシュートを決めます。

（決めることです）

③ この遠足の目的は、クラスみんなが仲よくなります。

（なることです）

④ 学校のルールは、ろう下を走りません。

（走らないことです）

⑤ 冬休みの思い出は、家族でスキーに行きました。

（行ったことです）

⑥ 夏祭りで楽しかったことは、きれいな花火を見ました。

（見たことです）

⑦ 運動会で心に残ったことは、みんなで力を合わせてつな引きをしました。

（したことです）

⑧ ダンス発表会の失敗の原いんは、練習をあまりしませんでした。

（しなかったことです）

(2) 次の文は、それぞれ二通りの意味にとることができます。〈例〉のように、文が㋐、㋑の意味になるように、【　】内の方法で書き直しましょう。 (9×4)

〈例〉 姉は必死でにげる犬を追いかけた。

㋐ 「必死」なのが「犬」のとき【読点を一か所に打つ】

（姉は、必死でにげる犬を追いかけた。）

㋑ 「必死」なのが「姉」のとき【言葉の順《じゅ》序を入れかえ、読点を一か所に打って書き直す】

（姉は、にげる犬を必死で追いかけた。）

①

母はごはんを食べながらゲームをしている弟をしかった。

㋐ ごはんを食べているのが「母」のとき【読点を一か所に打つ】

（母は、ごはんを食べながら、ゲームをしている弟をしかった。）

㋑ ごはんを食べているのが「弟」のとき【読点を一か所に打つ】

（母は、ごはんを食べながらゲームをしている弟をしかった。）

②

わたしは兄と妹をむかえに行った。

㋐ わたし一人が、「兄と妹」の二人をむかえに行ったとき【読点を一か所に打つ】

（わたしは、兄と妹をむかえに行った。）

㋑ わたしと兄と二人で、「妹」一人をむかえに行ったとき【言葉の順序を入れかえ、読点を一か所に打って書き直す】

(例)

（兄とわたしは、妹をむかえに行った。）

62頁

つながりに気をつけよう (2)

名前

(1) 次の（　）に合うつなぎ言葉を□から選んで書きましょう。 (8×3)

① おなかがすいた。（だから）、おにぎりを食べる。

② 服を買いに行った。（けれども）、気に入ったものは見つからなかった。

③ 犬が好きですか。（それとも）、ねこが好きですか。

それとも　けれども　だから

(2) 次の一文は長すぎるため、文を三つに分けます。（　）に合うつなぎ言葉を□から選んで書きましょう。 (8×4)

①

夕食は、大好物のハンバーグだったので、わたしはハンバーグを食べすぎて、おなかがいっぱいになったが、その後プリンも食べた。

夕食は、大好物のハンバーグだった。（だから）、わたしはハンバーグを食べすぎて、おなかがいっぱいになった。（でも）、その後プリンも食べた。

つまり　でも　だから　すると

②

わたしは、星を見ることが好きで、読書も好きなので、星に関係する本を読むことが多い。

わたしは、星を見ることが好きだ。（それに）、読書も好きだ。（それで）、星に関係する本を読むことが多い。

でも　それに　例えば　それで

(3) 次の文章を、分かりやすくなるように、つなぎ言葉を使い、三つの文に分けて書き直しましょう。 ⑭

今朝、雨がふっていたし、かみなりも鳴っていたのに、かさを持って行かなかった。

(例)

（今朝、雨がふっていた。しかも、かみなりも鳴っていた。しかし、かさを持って行かなかった。）

(4) 〈例〉のように、次の文章を、一文でまとめて書き直しましょう。 (10×3)

〈例〉 わたしは、朝六時に起きた。わたしは、顔をあらった。わたしは、朝食を食べた。

（わたしは、朝六時に起きて、顔をあらい、朝食を食べた。）

① つばめが、巣を作った。つばめが、たまごを産んだ。

(例)

（つばめが、巣を作って、たまごを産んだ。）

② ぼくは、毎日練習をした。ぼくは、試合に負けてしまった。

(例)

（ぼくは、毎日練習をしたが、試合に負けてしまった。）

③ わたしは、いすにすわった。わたしは、ノートを開いた。わたしは、ペンをにぎった。

(例)

（わたしは、いすにすわって、ノートを開き、ペンをにぎった。）

本書の解答は，あくまでもひとつの例です。児童に取り組ませる前に，必ず指導される方が問題を解いてください。指導される方の作られた解答をもとに，児童の多様な考えに寄り添って○つけをお願いします。

63頁

スワンレイクのほとりで (1)

名前

地球儀《ぎ》をぐるりと回したら、日本の反対側にあるアメリカの東海岸。

夏休みに、ニューヨーク州の北の方にある小さな村へ、お父さんと二人で遊びに行った。七月の終わりから八月の初めにかけて、お父さんの妹の真琴《まこと》さんと、夫のジョージさんのくらしている家に、とめてもらった。

㋐二人の家は、森にかこまれた湖のそばにあった。

どの部屋のまどからも、㋑青い青い湖が見えた。

湖の名前は、スワンレイク。意味は、白鳥の湖。

アメリカに着いてからは毎日、おどろきと発見の連続だった。㋒いちばんおどろいたのは、アメリカには、いろんな人が住んでいるということ。

お父さんといっしょに、スーパーマーケットへ買い物に行ったとき、お店の中には、本当にいろんな人たちがいた。はだの色も、かみの色も、目の色も、㋓人それぞれにちがう。英語ではない言葉を話している人たちもいた。日本のスーパーマーケットでも、ときどき、外国から来た人を見かけるけれど、アメリカでは、わたしとお父さんが外国人。だけど、㋔わたしたちを外国人だと思っている人は、いないのかもしれない。散歩をしているわたしたちに、道をたずねてくる人もいたから。

「アメリカは、㋕移《い》民がつくりあげた国だからね。いろんな人種の人たちみんなが同じ、アメリカ人なのよ。」

と、真琴さんは教えてくれた。

（令和六年度版　光村図書　国語　四下　はばたき　小手鞠《こでまり》　るい）

(1) ㋐二人の家とありますが、「二人」とはだれとだれのことですか。名前を書きましょう。(10×2)

（真琴）さんと（ジョージ）さん

(2) ㋑青い青い湖について、答えましょう。(10×2)

① 湖の名前を書きましょう。

（スワンレイク）

② 湖の名前の意味は、何ですか。文中から四文字で抜き出しましょう。

白鳥の湖

(3) ㋒「わたし」がアメリカに着いてからいちばんおどろいたのは、どんなことですか。(15)

（アメリカには、いろんな人が住んでいるということ。）

(4) ㋓人それぞれにちがう。とありますが、どんなところがちがうのですか。文中から四つ抜き出しましょう。(5×4)

（はだの色）（かみの色）

（目の色）（言葉）

(5) ㋔わたしたちを外国人だと思っている人は、いないのかもしれない。とありますが、なぜ「わたし」はこのように思うのですか。(15)

（散歩をしている、日本から来たわたしたちに、道をたずねてくる人もいたから。）

(6) ㋕移民とは、どんな意味ですか。正しい方に○をつけましょう。(10)

（　）古くからこの地に住む人

（○）外国に移り住んだ人

64頁

スワンレイクのほとりで (2)

名前

そんなある日、真琴《まこと》さんが言った。

「歌《うた》ちゃん、あした、おとなりのおうちのご家族をしょうたいして、みんなでバーベキューパーティーをすることにしたの。歌ちゃんと同じくらいの年の子も来るから、楽しみにしていてね。名前は、グレンっていうの。友達になれたらいいね。」

グレンは男の子で、お父さんの祖《そ》先は中国《ちゅうごく》から、お母さんの祖先はアイルランドから、アメリカにやって来たという。

友達になれたらいいな。なりたいな。でも、なれるかな。

まどの外を見ると、それまでは真っ青だった湖に、黒っぽい雲のかげがうつっていた。昼すぎから、雨がふり始めた。けれど、夜になる前に、ぴたりとやんだ。

翌《よく》朝は、快《かい》晴になった。目が覚めてからずっと、どきどきしたり、そわそわしたりして、㋐落ち着かない気分だった。

朝ご飯のあと、ジョージさんにさそわれて、いっしょにパンを作った。キッチンに、パンの焼きあがる香りがもわあっと広がり始めたころ、グレンたちがやって来た。

グレンは、車いすに乗っていた。黄色いきょうりゅうがプリントされた、青いTシャツを着ている。

勇気を出して、わたしから声をかけてみた。かんたんなあいさつの言葉なら、言える。前のばん、お父さんから教えてもらって、一生けんめい練習していたから。

㋐「——こんにちは、グレン。わたしの名前は、歌です。わたしはあなたに会えて、とてもうれしいです。」

グレンは、わたしの顔を見つめたまま、だまっている。

あれっ、わたしの英語、通じなかったのかな。もう一度、最初から言い直したほうがいいのかな。

言い直そうとしたそのとき、グレンがにっこり笑った。

（令和六年度版　光村図書　国語　四下　はばたき　小手鞠《こでまり》　るい）

(1) グレンについて、正しいものには○、まちがっているものには×を（　）に書きましょう。(6×5)

（○）おとなりのおうちの家族の一人。

（×）真琴さんの弟。

（○）「わたし」と同じくらいの年の子。

（○）車いすに乗っている。

（×）黄色いTシャツを着ている。

(2) グレンのお父さんとお母さんについて、（　）にあてはまる国名を書きましょう。(5×3)

お父さんの祖先は（中国）から、

お母さんの祖先は（アイルランド）から、

（アメリカ）にやって来た。

(3) なぜ、「わたし」は㋐落ち着かない気分だったのですか。あなたの考えを書きましょう。(15)

（例）（グレンと友達になれるかどうか、期待と不安が入り混じっていたから。）

(4) 「わたし」がグレンに言ったあいさつの言葉を、文中から最初と最後の五文字で抜き出しましょう。(句読点も一文字にふくみます。)(10)

こんにちは ～ しいです。

(5) ㋐の言葉について、答えましょう。

① 「わたし」は、㋐の言葉を日本語と英語のどちらで言いましたか。(10)

（英語）

② 「わたし」が㋐の言葉を言った後、グレンはどんな反応をしましたか。二つ書きましょう。(10×2)

（わたしの顔を見つめたまま、だまっていた。）

（にっこり笑った。）

65頁

スワンレイクのほとりで (3)

名前

野菜畑をひと回りしたあと、湖のほとりにならんで、㋐湖面のすいれんをながめた。白とピンクの花も、緑の葉っぱも、きらきら、かがやいている。

ふいに、グレンがこう言った。

㋐「——ウタ、君の名前には、どんな意味があるの。」

わたしは答えた。㋑むねをはって。

㋑「『歌《うた》』は『ソング』だよ。」

すると、グレンはこう言ったのだった。まぶしそうに、目を細めて。

㋒「——なんて美しい名前なんだろう。」

㋒美しい名前、と言われて、むねがくすぐったくなった。急に自分の名前が好きになった。

向こう岸から空に向かって、白鳥が二羽《わ》、仲よくよりそって、飛び立っていくのが見えた。わたしは、白い鳥たちを指さしながら、言った。

㋓「——あれは、白鳥。英語では、スワン、だよね。」

グレンは、目の前の湖を指さしながら、言った。

㋔「——これは、スワンレイク。㋓鳥たちは今、空を泳いでいるけど。」

二人、顔を見合わせて、笑った。

㋔すずしい夏の風がふいてきて、辺りの草をゆらした。さわさわ、さやさや、さわさわ、さやさや、草と風がやさしく話しかけてくる。見つめていると、まぶたまで青くそまってしまいそうな湖に、細かい波が立っていた。まるで、わたしたちといっしょに、笑っているかのように——。

（令和六年度版　光村図書　国語　四下　はばたき　小手鞠《こでまり》　るい）

(1) ㋐～㋔は、だれの言葉ですか。（　）に名前を書きましょう。(5×5)

㋐（グレン）　㋑（ウタ／歌）

㋒（グレン）　㋓（ウタ／歌）

㋔（グレン）

(2) ㋐湖面のすいれんは、どんな様子ですか。（　）にあてはまる言葉を書きましょう。(5×3)

白と（ピンク）の花や、緑の（葉っぱ）が、（きらきら）とかがやいている。

(3) ㋑むねをはって。とありますが、「むねをはる」とはどんな意味ですか。正しい方に○をつけましょう。(10)

（　）きんちょうした様子

（○）自信がある様子

(4) グレンに㋒美しい名前と言われた「わたし」は、どうなりましたか。二つ書きましょう。(10×2)

（むねがくすぐったくなった。）

（急に自分の名前が好きになった。）

(5) ㋓鳥たちは今、空を泳いでいるとありますが、これは白鳥のどんな様子を表していますか。正しい方に○をつけましょう。(10)

（○）白鳥が二羽、空を飛んでいる。

（　）白鳥が二羽、空に向かって飛び立とうとしている。

(6) ㋔の部分では、人ではないものをまるで人のように表しています。次の①、②の様子は、それぞれどのように表されていますか。(10×2)

① 風がふいてきて、辺りの草をゆらしている様子

（草と風がやさしく話しかけてくる。）

② 湖に細かい波が立っている様子

（わたしたちといっしょに、笑っている。）

66頁

スワンレイクのほとりで (4)（全文読解《どっかい》）

名前

教科書

「スワンレイクのほとりで」を読んで、答えましょう。

(1) 「わたし」がしたことについて、次の文の（　）に１～６の順番を書きましょう。(4×6)

（2）グレンにかんたんなあいさつの言葉を言った。

（6）つくえの上に、げんこう用紙を広げて、えんぴつをにぎった。

（3）グレンとあくしゅをした。

（1）ジョージさんと、いっしょにパンを作った。

（5）グレンに自分の名前の意味を教えた。

（4）グレンと二人で、野菜畑へ行った。

(2) （　）にあてはまる登場人物の名前を、［　］から選んで書きましょう。(4×4)

わたしは、（お父さん）とアメリカへ行ったとき、お父さんの妹の（真琴）さんと夫の（ジョージ）さんの家にとめてもらった。そして、おとなりのおうちの家族の一人、（グレン）と友達になった。

グレン　お父さん　ジョージ　真琴《まこと》

(3) 「わたし」に教えてくれたことについて、お父さんならA、真琴さんならB、グレンならCと書きましょう。(5×3)

（A）アメリカでは、初めて会った人とは、あくしゅをする。

（C）青い青い湖の名前は、スワンレイクという。

（B）アメリカは、移《い》民がつくりあげた国である。

★「近くて、二ひきの茶色のりすたちが、～グレンの手をにぎったときのように。」の部分を読んで、答えましょう。

(4) 言葉の追いかけっことは、どんなことですか。(10)

（野菜畑の中で、一つ一つの野菜を指さしては、日本語と英語、それぞれの名前を教え合うこと。）

(5) 「わたし」が急に自分の名前を好きになったのは、なぜですか。(10)

（グレンに美しい名前だと言われたから。）

(6) 「わたし」がもっともっと英語の勉強をしたいと思うようになったのは、なぜですか。(10)

（いろんなことをグレンと話してみたいから。）

(7) この気持ちをいつか、グレンに伝えられたらいいなとありますが、この気持ちとは、どんな気持ちですか。あなたの考えを書きましょう。(15)

（例）（わたしたちは、今は遠くはなれた場所でくらしているけれど、心の中には野菜畑やスワンレイクの思い出があり、友達であるという気持ち。）

67頁

手ぶくろを買いに (1)

名前

「ぼうや、お手々をかたほうお出し。」と、母さんぎつねが言いました。その手を、母さんぎつねはしばらくにぎっている間に、かわいい人間の子どもの㋐手にしてしまいました。ぼうやのきつねは、その手を、広げたり、にぎったり、つねってみたり、かいでみたりしました。

㋑「なんだか変だな、母ちゃん、これなあに。」と言って、雪明かりに、また、その人間の手に変《か》えられてしまった自分の手を、㋒しげしげと見つめました。

㋐「それは人間の手よ。いいかい、ぼうや、町へ行ったらね、たくさん人間の家があるからね。まず、表に円いシャッポのかんばんのかかっている家をさがすんだよ。それが見つかったらね、トントンと戸をたたいて、こんばんはって言うんだよ。そうするとね、中から人間が、すこうし戸を開けるからね、その戸のすき間から、こっちの手、ほら、この人間の手を差し入れてね、この手にちょうどいい手ぶくろちょうだいって言うんだよ。分かったね、㋓決して、こっちのお手々を出しちゃだめよ。」

と、母さんぎつねは言い聞かせました。

「どうして。」

と、ぼうやのきつねはきき返しました。

「人間はね、相手がきつねだと分かると、手ぶくろを売ってくれないんだよ。それどころか、つかまえて、おりの中へ入れちゃうんだよ。人間って、ほんとにおそろしいものなんだよ。」

「ふうん。」

「㋔決して、こっちの手を出しちゃいけないよ。㋕こっちのほう、ほら、人間の手のほうを差し出すんだよ。」

と言って、母さんのきつねは、持ってきた二つの白《はく》どうかを、人間の手のほうへにぎらせてやりました。

（令和六年度版 光村図書 国語 四下 はばたき 新美《にいみ》 南吉《なんきち》）

(1) ㋐その手は、どんな手ですか。 ⑩

（かわいい人間の子ども）の手。

(2) ㋑「なんだか変だな、母ちゃん、これなあに。」と言ったのは、だれですか。 ⑩

（ぼうやのきつね）

(3) ㋒しげしげと見つめました。とは、どんな意味ですか。正しい方に○をつけましょう。 ⑩

（○）じっと見た。

（　）ちらっと見た。

(4) ㋐で、母さんぎつねがぼうやのきつねに言った、町へ行ったらすることについて、（　）にあてはまる言葉を書きましょう。 (7×5)

① 表に円いシャッポの（かんばん）のかかっている家をさがす。

② トントンと戸をたたいて、「（こんばんは）。」と言う。

③ 戸の（すき間）から、（人間の手）を差し入れ、「この手にちょうどいい（手ぶくろ）ちょうだい。」と言う。

(5) 母さんぎつねは、なぜ㋓「決して、こっちのお手々を出しちゃだめよ。」と言ったのですか。 ⑮

（人間は、相手がきつねだと分かると、手ぶくろを売ってくれないどころか、つかまえて、おりの中へ入れるから。）

(6) ㋔こっちの手、㋕こっちのほうとありますが、それぞれ「人間の手」、「きつねの手」のどちらを指していますか。 (10×2)

㋔（きつねの手）

㋕（人間の手）

68頁

手ぶくろを買いに (2)

名前

とうとう、㋐ぼうし屋が見つかりました。お母さんが道々よく教えてくれた、黒い大きなシルクハットのぼうしのかんばんが、青い電灯に照らされて、かかっていました。

子ぎつねは、教えられたとおり、トントンと戸をたたきました。

㋐「こんばんは。」

すると、中では何かコトコト音がしていましたが、やがて、戸が一すんほどゴロリと開《あ》いて、光の帯が、道の白い雪の上に長くのびました。

子ぎつねは、その光がまばゆかったので、めんくらって、まちがったほうの手を、――お母さんが、㋑出しちゃいけないと言ってよく聞かせたほうの手を、すき間から差しこんでしまいました。

㋑「このお手々にちょうどいい手ぶくろ、ください。」

すると、ぼうし屋さんは、㋒おやおやと思いました。きつねの手です。きつねの手が、手ぶくろをくれと言うのです。これはきっと、木《こ》の葉で買いに来たんだなと思いました。そこで、

㋒㋓「先にお金をください。」

と言いました。子ぎつねは、すなおに、にぎってきた白《はく》どうかを二つ、ぼうし屋さんにわたしました。ぼうし屋さんは、㋔それを人さし指の先にのっけて、かち合わせてみると、チンチンとよい音がしましたので、これは木の葉じゃない、㋕ほんとのお金だと思いましたので、たなから子ども用の毛糸の手ぶくろを取り出してきて、子ぎつねの手に持たせてやりました。子ぎつねは、お礼を言って、また、もと来た道を帰り始めました。

（令和六年度版 光村図書 国語 四下 はばたき 新美《にいみ》 南吉《なんきち》）

(1) あ〜うは、それぞれだれが言った言葉ですか。 (5×3)

あ（子ぎつね）　い（子ぎつね）

う（ぼうし屋さん）

(2) ㋐ぼうし屋には、何がどのようにかかっていましたか。 ⑮

（黒い大きなシルクハットのぼうしのかんばんが、青い電灯に照らされて、かかっていた。）

(3) ㋑出しちゃいけないと言ってよく聞かせたほうの手とありますが、どちらの手ですか。正しい方に○をつけましょう。 ⑩

（○）きつねの手

（　）人間の手

(4) なぜ、ぼうし屋さんは、㋒おやおやと思ったのですか。（　）にあてはまる言葉を書きましょう。 ⑮

差しこまれた手が、（きつね）の手だったから。

(5) なぜ、ぼうし屋さんは、㋓「先にお金をください。」と言ったのですか。 ⑩

（きつねが木の葉で買いに来たのだと思ったから。）

(6) ㋔それは、何を指していますか。 ⑩

（子ぎつねがわたした白どうか二つ。）

(7) ㋕ほんとのお金だと思いましたとありますが、なぜぼうし屋さんはこのように思ったのですか。 ⑩

（わたされた二つの白どうかをかち合わせてみると、チンチンとよい音がしたから。）

(8) ぼうし屋さんは、子ぎつねの手に何を持たせてやりましたか。 ⑮

（子ども用の毛糸の手ぶくろ）

69頁

手ぶくろを買いに (3)

名前

あ「お母さんは、㋐人間はおそろしいものだっておっしゃったが、ちっともおそろしくないや。だって、ぼくの手を見ても、どうもしなかったもの。」と思いました。けれど、子ぎつねは、いったい人間なんてどんなものか、見たいと思いました。

あるまどの下を通りかかると、㋑人間の声がしていました。なんというやさしい、なんという美しい、なんというおっとりした声なんでしょう。

「ねむれ　ねむれ

母のむねに、

ねむれ　ねむれ

母の手に――。」

子ぎつねは、㋒その歌声は、きっと、人間のお母さんの声にちがいないと思いました。

Ⓐ、子ぎつねがねむるときにも、やっぱり母さんぎつねは、あんなやさしい声でゆすぶってくれるからです。

すると、今度は、子どもの声がしました。

い「母ちゃん、こんな寒い夜は、森の子ぎつねは、寒い寒いって、ないてるでしょうね。」

Ⓑ、母さんの声が、

う「森の子ぎつねも、お母さんぎつねのお歌を聞いて、ほらあなの中でねむろうとしているでしょうね。さあ、ぼうやも早くねんねしなさい。森の子ぎつねとぼうやと、どっちが早くねんねするか、きっと、ぼうやのほうが早くねんねしますよ。」

それを聞くと、子ぎつねは、急にお母さんがこいしくなって、㋓母さんぎつねの待っている方へとんでいきました。

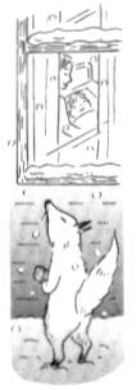

（令和六年度版 光村図書 国語 四下 はばたき 新美《にいみ》 南吉《なんきち》）

(1) あ〜うは、それぞれだれの言葉ですか。[　]から選んで書きましょう。 (5×3)

あ（子ぎつね）　い（人間の子ども）

う（人間のお母さん）

[子ぎつね　人間の子ども　母さんぎつね　人間のお母さん]

(2) なぜ、子ぎつねは人間を㋐「ちっともおそろしくないや。」と思ったのですか。 ⑩

（自分のきつねの手を見ても、どうもしなかったから。）

(3) ㋑人間の声は、どんな声でしたか。三つ書きましょう。 (5×3)

・（やさしい）声　・（美しい）声

・（おっとりした）声

(4) 子ぎつねは、㋒その歌声をだれの声だと思いましたか。 ⑩

（人間のお母さんの声。）

(5) Ⓐ、Ⓑにあてはまるつなぎ言葉を[　]から選んで書きましょう。 (10×2)

Ⓐ（だって）　Ⓑ（すると）

[すると　けれど　だって]

(6) うは、だれがだれに言った言葉ですか。 (10×2)

（人間のお母さん）が（人間の子ども）に言った言葉

(7) 子ぎつねが、㋓母さんぎつねの待っている方へとんでいったのはなぜですか。 ⑩

（人間のお母さんが子どもに言った言葉を聞いて、）急にお母さんがこいしくなったから。

70頁

手ぶくろを買いに (4)

名前

母さんぎつねは、心配しながら、ぼうやのきつねの帰ってくるのを、今か今かと、ふるえながら待っていましたので、ぼうやが来ると、㋐温かいむねにだきしめて、㋑泣きたいほどよろこびました。

㋒二ひきのきつねは、森の方へ帰っていきました。月が出たので、きつねの毛なみが銀色に光り、その足あとには、コバルトのかげがたまりました。

㋓「母ちゃん、人間って、ちっともこわかないや。」

「どうして。」

「ぼう、まちがえて、本当のお手々出しちゃったの。でも、ぼうし屋さん、つかまえやしなかったもの。ちゃんと、こんないい、温かい手ぶくろくれたもの。」

と言って、手ぶくろのはまった両手を、パンパンやってみせました。母さんぎつねは、

「まあ。」

と㋔あきれましたが、

あ「本当に人間は、いいものかしら。本当に人間は、いいものかしら。」

とつぶやきました。

（令和六年度版 光村図書 国語 四下 はばたき 新美《にいみ》 南吉《なんきち》）

(1) だれの㋐温かいむねですか。 ⑩

（母さんぎつね）

(2) ㋑泣きたいほどよろこびました。とは、どんな気持ちを表していますか。正しい方に○をつけましょう。 ⑮

（　）悲しさとうれしさが入り混じった気持ち

（○）なみだが出るほどうれしい気持ち

(3) ㋒二ひきのきつねについて、答えましょう。 (15×2)

① 何が銀色に光ったのですか。

（きつねの毛なみ）

② 何にコバルトのかげがたまったのですか。

（二ひきのきつね）の（足あと）

(4) ぼうやのきつねが、㋓「母ちゃん、人間って、ちっともこわかないや。」と言ったのはなぜですか。 ⑮

（まちがえて本当の手（きつねの手）を出したのに、ぼうし屋さんはつかまえなかったし、ちゃんといい、温かい手ぶくろをくれたから。）

(5) ㋔あきれましたとありますが、母さんぎつねは何にあきれたのですか。 ⑮

（ぼうやのきつねが、ぼうし屋さんに、まちがえて本当の手（きつねの手）を出したこと。）

(6) あとありますが、母さんぎつねはどんな気持ちでつぶやいたと思いますか。あなたの考えを書きましょう。 ⑮

（例）

（人間は本当にやさしいのか、それともおそろしいのか分からなくなり、とまどっている気持ち。）

解答例

本書の解答は，あくまでもひとつの例です。児童に取り組ませる前に，必ず指導される方が問題を解いてください。指導される方の作られた解答をもとに，児童の多様な考えに寄り添って○つけをお願いします。

71頁

漢字書き 漢字の広場 (1)(2)

名前

① 南の島《しま》
② お宮《みや》参り
③ 坂道《さかみち》を上る
④ 港《みなと》に着く
⑤ 宿《やど》にとまる
⑥ 鉄橋《てっきょう》
⑦ 放送局《ほうそうきょく》
⑧ 中央《ちゅうおう》公園
⑨ 東京駅《えき》
⑩ 市役所《やくしょ》
⑪ 県立図書館《けんりつとしょかん》
⑫ 地区《ちく》センター
⑬ 申《もう》しこみ
⑭ 不都合《つごう》
⑮ 市民病院《びょういん》
⑯ 銀行《ぎんこう》へ行く
⑰ 医者《いしゃ》になる
⑱ 行列《ぎょうれつ》
⑲ 羊《ひつじ》の大群
⑳ 農家《のうか》の仕事
㉑ 曲《ま》がり道
㉒ 温室《おんしつ》で育てる
㉓ 畑《はたけ》をたがやす
㉔ 花を植《う》える
㉕ 広い湖《みずうみ》
㉖ 薬局《やっきょく》
㉗ 商店《しょうてん》街
㉘ 有名な店主《てんしゅ》
㉙ 安売《やすう》り
㉚ 練習《れんしゅう》
㉛ 夏は暑《あつ》い
㉜ 太陽《たいよう》の光
㉝ 波《なみ》しぶき
㉞ 泳《およ》ぐ
㉟ 息《いき》つぎ
㊱ かき氷《ごおり》
㊲ 夏祭《なつまつ》り
㊳ 有名人《ゆうめいじん》
㊴ 的に命中《めいちゅう》する
㊵ 家族旅行《かぞくりょこう》
㊶ 出発《しゅっぱつ》
㊷ 荷物《にもつ》を持《も》つ
㊸ 速《はや》い乗りもの
㊹ 九州《きゅうしゅう》へ行く
㊺ 予定《よてい》を立てる
㊻ 鉄板《てっぱん》
㊼ 油《あぶら》がはねる
㊽ 配《くば》る
㊾ 炭《すみ》を運ぶ
㊿ 平等《びょうどう》なけん利
(51) 水を注《そそ》ぐ
(52) 全部《ぜんぶ》食べる
(53) 味《あじ》わう
(54) 自由研究《じゆうけんきゅう》
(55) 豆《まめ》料理
(56) 調《しら》べる
(57) 部屋の温度《おんど》
(58) 緑色《みどりいろ》
(59) 根《ね》をはり、葉《は》を広げる

/59

71

72頁

漢字書き 漢字の広場 (3)(4)

名前

① 始《はじ》まり
② 物を落《お》とす
③ てきを追《お》う
④ 急《いそ》ぐ
⑤ 進《すす》む
⑥ 転《ころ》がる
⑦ 悪《わる》い予感
⑧ 海岸《かいがん》ぞい
⑨ 悲《かな》しい
⑩ 人を助《たす》ける
⑪ 台風が去《さ》る
⑫ 暗《くら》い部屋
⑬ 深《ふか》い穴
⑭ 車に乗《の》る
⑮ 向《む》かう
⑯ 駅に着《つ》く
⑰ お酒《さけ》を飲《の》む
⑱ お皿《さら》
⑲ 美《うつく》しい
⑳ お礼《れい》
㉑ 幸福《こうふく》な人生
㉒ 玉手箱《たまてばこ》
㉓ 受《う》け取《と》る
㉔ 終《お》わり
㉕ 箱を開《あ》ける
㉖ 世界地図《せかいちず》
㉗ 日本の神話《しんわ》
㉘ グリム童話《どうわ》
㉙ 図書委員《としょいいん》
㉚ 道具を使《つか》う
㉛ 本を返《かえ》す
㉜ 起立《きりつ》する
㉝ 委員を指名《しめい》する
㉞ 図形の面積《めんせき》
㉟ 倍数《ばいすう》
㊱ 問題《もんだい》
㊲ 昭和《しょうわ》の町なみ
㊳ 先生の仕事《しごと》
㊴ 鼻血《はなぢ》
㊵ 体育館《たいいくかん》
㊶ 感想《かんそう》文
㊷ 歯《は》みがき
㊸ 実物《じつぶつ》
㊹ 昔《むかし》の遊《あそ》び
㊺ カバンが軽《かる》い
㊻ 荷物が重《おも》い
㊼ 係《かかり》に相談《そうだん》する
㊽ 次《つぎ》の人
㊾ 笛《ふえ》をふく
㊿ 学校の校庭《こうてい》
(51) 横《よこ》の長さ
(52) 秒速《びょうそく》5メートル

/52

72

73頁

漢字書き 漢字の広場 (5)(6)

名前

① 遊具《ゆうぐ》
② 写真《しゃしん》をとる
③ ゴミを拾《ひろ》う
④ 美化《びか》委員
⑤ 寒《さむ》い
⑥ 山へ登《のぼ》る
⑦ 信号《しんごう》を待《ま》つ
⑧ 道路《どうろ》
⑨ ズボンが短《みじか》い
⑩ 洋服《ようふく》
⑪ 漢字《かんじ》を勉強《べんきょう》する
⑫ お湯《ゆ》
⑬ 消《け》す
⑭ 両親《りょうしん》と仲が良い
⑮ 皮《かわ》をむく
⑯ 家の屋根《やね》
⑰ 車庫《しゃこ》に入れる
⑱ 整理《せいり》する
⑲ 住所《じゅうしょ》
⑳ 手帳《てちょう》
㉑ 柱《はしら》
㉒ 身長《しんちょう》を測る
㉓ お客様《きゃくさま》
㉔ 二階《にかい》建て
㉕ 一丁目《ちょうめ》
㉖ 新学期《しんがっき》が始まる
㉗ 進級《しんきゅう》する
㉘ 始業式《しぎょうしき》
㉙ 運動会《うんどうかい》
㉚ 山田君《くん》
㉛ 勝《か》つ
㉜ 負《ま》ける
㉝ 必死《ひっし》に走る
㉞ 苦《くる》しい
㉟ 作品《さくひん》
㊱ 毛筆《もうひつ》
㊲ 代表《だいひょう》者
㊳ 第《だい》五回
㊴ 卒業文集《ぶんしゅう》
㊵ 詩《し》や文章《ぶんしょう》
㊶ 学級会《がっきゅうかい》
㊷ 決定《けってい》する
㊸ 反対《はんたい》する
㊹ 意見《いけん》をのべる
㊺ 野球《やきゅう》選手
㊻ ボールを打《う》つ
㊼ 他《た》校生
㊽ 国さい交流《こうりゅう》
㊾ 安全を守《まも》る

/49

73

74頁

漢字読み 漢字① 読み

―線が引いてある漢字の読みを書きましょう。

名前

① 信号（しんごう）
② 速達（そくたつ）
③ 飛び出す（と）（だ）
④ 運転席（うんてんせき）
⑤ 建物（たてもの）
⑥ 菜の花（な）（はな）
⑦ 目標（もくひょう）
⑧ 例（れい）
⑨ 友達（ともだち）
⑩ 方法（ほうほう）
⑪ 分類（ぶんるい）
⑫ 機械（きかい）
⑬ 司書（ししょ）
⑭ 事典（じてん）
⑮ 記す（しる）
⑯ 五十音順（ごじゅうおんじゅん）
⑰ 記録（きろく）
⑱ 辞典（じてん）
⑲ 成り立ち（な）（た）
⑳ 画数（かくすう）
㉑ 音訓（おんくん）
㉒ 部首（ぶしゅ）
㉓ 目印（めじるし）
㉔ 東西南北（とうざいなんぼく）
㉕ 静か（しず）
㉖ お社（やしろ）
㉗ 愛読書（あいどくしょ）
㉘ 昨夜（さくや）
㉙ 本を正す（もと）
㉚ 青年（せいねん）
㉛ 城（しろ）
㉜ 初夏（しょか）
㉝ 風景（ふうけい）
㉞ 群れ（む）
㉟ 絵画（かいが）
㊱ 立春（りっしゅん）
㊲ 必要（ひつよう）
㊳ 目的（もくてき）
㊴ 用いる（もち）
㊵ 都道府県（とどうふけん）
㊶ 宮城（みやぎ）
㊷ 七夕（たなばた）
㊸ 山形（やまがた）
㊹ 茨城（いばらき）
㊺ 栃木（とちぎ）
㊻ 群馬（ぐんま）
㊼ 埼玉（さいたま）
㊽ 人口（じんこう）
㊾ 神奈川（かながわ）
㊿ 新潟（にいがた）

74

本書の解答は，あくまでもひとつの例です。児童に取り組ませる前に，必ず指導される方が問題を解いてください。指導される方の作られた解答をもとに，児童の多様な考えに寄り添って○つけをお願いします。

解答例

75頁

漢字書き　漢字①　書き

名前

漢字を書きましょう。

① 信号《しんごう》を守る
② 速達《そくたつ》で出す
③ 飛《と》び出《だ》す
④ 運転席《うんてんせき》
⑤ 建物《たてもの》
⑥ 菜《な》の花《はな》
⑦ 目標《もくひょう》
⑧ 例《れい》を挙げる
⑨ 友達《ともだち》
⑩ 実験方法《ほうほう》
⑪ 分類《ぶんるい》
⑫ 機械《きかい》を動かす
⑬ 図書館司書《ししょ》
⑭ 百科事典《じてん》
⑮ 名前を記《しる》す
⑯ 五十音順《ごじゅうおんじゅん》
⑰ 観察記録《きろく》
⑱ 国語辞典《じてん》
⑲ 成《な》り立《た》ち
⑳ 漢字の画数《かくすう》
㉑ 漢字の音訓《おんくん》
㉒ 部首《ぶしゅ》
㉓ 目印《めじるし》
㉔ 東西南北《とうざいなんぼく》
㉕ 静《しず》か
㉖ お社《やしろ》
㉗ 愛読書《あいどくしょ》
㉘ 昨夜《さくや》の出来事
㉙ (元)本《もと》を正す
㉚ 好青年《せいねん》
㉛ 大阪城《じょう》
㉜ 初夏《しょか》の季節
㉝ 風景《ふうけい》
㉞ 羊の群《む》れ
㉟ 有名な絵画《かいが》
㊱ 立春《りっしゅん》
㊲ 必要《ひつよう》なもの
㊳ 目的《もくてき》
㊴ 用《もち》いる
㊵ 都道府県《とどうふけん》
㊶ 宮城《みやぎ》県
㊷ 七夕《たなばた》
㊸ 山形《やまがた》県
㊹ 茨城《いばらき》県
㊺ 栃木《とちぎ》県
㊻ 群馬《ぐんま》県
㊼ 埼玉《さいたま》県
㊽ 日本の人口《じんこう》
㊾ 神奈川《かながわ》県
㊿ 新潟《にいがた》県

76頁

漢字読み　漢字②　読み

名前

——線が引いてある漢字の読みを書きましょう。

① 富山（とやま）
② 福井（ふくい）
③ 山梨（やまなし）
④ 生産量（せいさんりょう）
⑤ 岐阜（ぎふ）
⑥ 静岡（しずおか）
⑦ 伝える（つた）
⑧ 案内図（あんないず）
⑨ 説明図（せつめいず）
⑩ 景色（けしき）
⑪ 試合（しあい）
⑫ 後半（こうはん）
⑬ 選手（せんしゅ）
⑭ 観客席（かんきゃくせき）
⑮ 旗（はた）
⑯ 勝利（しょうり）
⑰ 取材（しゅざい）
⑱ 関係（かんけい）
⑲ 以外（いがい）
⑳ 季節（きせつ）
㉑ 市区町村（しくちょうそん）
㉒ 郡（ぐん）
㉓ 戦争（せんそう）
㉔ 配給（はいきゅう）
㉕ ご飯（はん）
㉖ 汽車（きしゃ）
㉗ 包帯（ほうたい）
㉘ 泣き顔（な）（がお）
㉙ 軍歌（ぐんか）
㉚ 兵隊（へいたい）
㉛ 一輪（いちりん）
㉜ 健康（けんこう）
㉝ 夫（おっと）
㉞ 坂口氏（し）
㉟ 祝日（しゅくじつ）
㊱ 百貨店（ひゃっかてん）
㊲ 台風（たいふう）
㊳ 児童館（じどうかん）
㊴ 器官（きかん）
㊵ 良い（よ）
㊶ 徒競走（ときょうそう）
㊷ 昨日（さくじつ／きのう）
㊸ 芽（め）
㊹ 奈良（なら）
㊺ 梅（うめ）
㊻ 要約（ようやく）
㊼ 工夫（くふう）
㊽ わり付け（つ）
㊾ 清書（せいしょ）
㊿ 回答（かいとう）

77頁

漢字書き　漢字②　書き

名前

漢字を書きましょう。

① 富山《とやま》県
② 福井《ふくい》県
③ 山梨《やまなし》県
④ 生産量《せいさんりょう》
⑤ 岐阜《ぎふ》県
⑥ 静岡《しずおか》県
⑦ 伝《つた》える
⑧ 案内図《あんないず》
⑨ 説明図《せつめいず》
⑩ 美しい景色《けしき》
⑪ 練習試合《じあい》
⑫ 四月後半《こうはん》
⑬ 野球選手《せんしゅ》
⑭ 観客席《かんきゃくせき》
⑮ 旗《はた》をふる
⑯ チームの勝利《しょうり》
⑰ 取材《しゅざい》する
⑱ 無関係《かんけい》
⑲ 算数以外《いがい》はとく意だ
⑳ 春の季節《きせつ》
㉑ 市区町村《しくちょうそん》
㉒ 川崎郡《ぐん》
㉓ 戦争《せんそう》の歴史
㉔ お米の配給《はいきゅう》
㉕ ご飯《はん》
㉖ 汽車《きしゃ》に乗る
㉗ 包帯《ほうたい》をまく
㉘ 泣《な》き顔《がお》
㉙ 軍歌《ぐんか》を歌う
㉚ 兵隊《へいたい》
㉛ 一輪《いちりん》の花
㉜ 健康《けんこう》体
㉝ 夫《おっと》
㉞ 坂口氏《し》
㉟ 祝日《しゅくじつ》
㊱ 百貨店《ひゃっかてん》
㊲ 台風《たいふう》が来る
㊳ 児童館《じどうかん》
㊴ 消化器官《きかん》
㊵ 良《よ》い結果
㊶ 徒競走《ときょうそう》
㊷ 昨日《きのう》の出来事
㊸ 芽《め》が出る
㊹ 奈良《なら》県
㊺ 梅《うめ》の花
㊻ 話の要約《ようやく》
㊼ 工夫《くふう》する
㊽ わり付《つ》け
㊾ 手紙の清書《せいしょ》
㊿ アンケートに回答《かいとう》する

78頁

漢字読み　漢字③　読み

名前

——線が引いてある漢字の読みを書きましょう。

① 滋賀（しが）
② 大阪（おおさか）
③ 鳥取（とっとり）
④ 徳島（とくしま）
⑤ 香川（かがわ）
⑥ 愛媛（えひめ）
⑦ 佐賀（さが）
⑧ 長崎（ながさき）
⑨ 熊本（くまもと）
⑩ 大分（おおいた）
⑪ 鹿児島（かごしま）
⑫ 沖縄（おきなわ）
⑬ 一日（いちにち／ついたち）
⑭ 熱帯（ねったい）
⑮ 手伝う（てつだ）
⑯ 春夏秋冬（しゅんかしゅうとう）
⑰ 働く（はたら）
⑱ 栄養（えいよう）
⑲ 満ち足りる（み）（た）
⑳ 真っ赤（ま）（か）
㉑ お姉さん（ねえ）
㉒ 命令（めいれい）
㉓ 位置（いち）
㉔ 漁業（ぎょぎょう）
㉕ 海水浴場（かいすいよくじょう）
㉖ 出欠（しゅっけつ）
㉗ 卒業式（そつぎょうしき）
㉘ 単行本（たんこうぼん）
㉙ 結果（けっか）
㉚ 直径（ちょっけい）
㉛ 副大臣（ふくだいじん）
㉜ 街灯（がいとう）
㉝ 印刷（いんさつ）
㉞ 治水（ちすい）
㉟ 塩気（しおけ）
㊱ 合唱（がっしょう）
㊲ 参考（さんこう）
㊳ 英語（えいご）
㊴ 変化（へんか）
㊵ 結末（けつまつ）
㊶ 菜種（なたね）
㊷ 百姓家（ひゃくしょうや）
㊸ ふり続く（つづ）
㊹ 小川（おがわ）
㊺ ふみ折る（お）
㊻ 積む（つ）
㊼ 松たけ（まつ）
㊽ 不思議（ふしぎ）
㊾ 差す（さ）
㊿ 念願（ねんがん）

本書の解答は，あくまでもひとつの例です。児童に取り組ませる前に，必ず指導される方が問題を解いてください。指導される方の作られた解答をもとに，児童の多様な考えに寄り添って○つけをお願いします。

79頁

漢字書き　漢字 ③ 書き

名前

漢字を書きましょう。

① 滋賀《しが》県
② 大阪《おおさか》府
③ 鳥取《とっとり》県
④ 徳島《とくしま》県
⑤ 香川《かがわ》県
⑥ 愛媛《えひめ》県
⑦ 佐賀《さが》県
⑧ 長崎《ながさき》県
⑨ 熊本《くまもと》県
⑩ 大分《おおいた》県
⑪ 鹿児島《かごしま》県
⑫ 沖縄《おきなわ》県
⑬ 一月一日《ついたち》
⑭ 熱帯《ねったい》
⑮ 手伝《てつだ》う
⑯ 春夏秋冬《しゅんかしゅうとう》
⑰ 働《はたら》く
⑱ 栄養《えいよう》満点
⑲ 満《み》ち足《た》りる
⑳ 真《ま》っ赤《か》なトマト
㉑ お姉《ねえ》さん
㉒ 命令《めいれい》
㉓ 位置《いち》を調べる
㉔ 漁業《ぎょぎょう》
㉕ 海水浴場《かいすいよくじょう》
㉖ 出欠《しゅっけつ》を取る
㉗ 卒業式《そつぎょうしき》
㉘ 単行本《たんこうぼん》
㉙ 試合の結果《けっか》
㉚ 直径《ちょっけい》の長さ
㉛ 副大臣《ふくだいじん》
㉜ 街灯《がいとう》の明かり
㉝ 印刷《いんさつ》
㉞ 治水《ちすい》工事
㉟ 塩気《しおけ》がある
㊱ クラス合唱《がっしょう》
㊲ 参考《さんこう》書
㊳ 英語《えいご》のじゅ業
㊴ 気温の変化《へんか》
㊵ 結末《けつまつ》
㊶ 菜種《なたね》から
㊷ 百姓家《ひゃくしょうや》
㊸ ふり続《つづ》く
㊹ 小川《おがわ》の流れ
㊺ ふみ折《お》る
㊻ つみきを積《つ》む
㊼ 松《まつ》たけ
㊽ 不思議《ふしぎ》
㊾ 光が差《さ》す
㊿ 念願《ねんがん》がかなう

79

80頁

漢字読み　漢字 ④ 読み

名前

線が引いてある漢字の読みを書きましょう。

① 固める（かた）
② 便せん（びん）
③ 博物館（はくぶつかん）
④ 浅い（あさ）
⑤ 倉庫（そうこ）
⑥ 名札（なふだ）
⑦ 孫（まご）
⑧ 成功（せいこう）
⑨ 参加（さんか）
⑩ 牧場（ぼくじょう）
⑪ 読本（とくほん）
⑫ 借りる（か）
⑬ 明後日（みょうごにち／あさって）
⑭ 米作（べいさく）
⑮ 戸外（こがい）
⑯ 木かげ（こ）
⑰ 半ば（なか）
⑱ 挙げる（あ）
⑲ 協力（きょうりょく）
⑳ 積極的（せっきょくてき）
㉑ 求める（もと）
㉒ 未来（みらい）
㉓ 工芸品（こうげいひん）
㉔ 各地（かくち）
㉕ 材料（ざいりょう）
㉖ 自然（しぜん）
㉗ 仲（なか）
㉘ 労働（ろうどう）
㉙ 焼く（や）
㉚ 冷やす（ひ）
㉛ 金色（きんいろ／こんじき）
㉜ 照らす（て）
㉝ 好き（す）
㉞ 正反対（せいはんたい）
㉟ 最高（さいこう）
㊱ 反省（はんせい）
㊲ 放課後（ほうかご）
㊳ 無理（むり）
㊴ 右側（みぎがわ）
㊵ 改める（あらた）
㊶ 正直（しょうじき）
㊷ 一周（いっしゅう）
㊸ 水害（すいがい）
㊹ 種類（しゅるい）
㊺ 元日（がんじつ）
㊻ 共通点（きょうつうてん）
㊼ 連想（れんそう）
㊽ 木刀（ぼくとう）
㊾ 流星（りゅうせい）
㊿ 竹林（たけばやし／ちくりん）

80

81頁

漢字書き　漢字 ④ 書き

名前

漢字を書きましょう。

① こぶしを固《かた》める
② 便《びん》せん
③ 博物館《はくぶつかん》
④ 浅《あさ》い川
⑤ 会社の倉庫《そうこ》
⑥ 名札《なふだ》
⑦ 孫《まご》
⑧ 実験に成功《せいこう》する
⑨ 活動に参加《さんか》する
⑩ 牧場《ぼくじょう》
⑪ 読本《とくほん》
⑫ 借《か》りる
⑬ 明後日《みょうごにち》
⑭ 米作《べいさく》
⑮ 戸外《こがい》に出る
⑯ 木《こ》かげ
⑰ 半《なか》ば
⑱ 例を挙《あ》げる
⑲ みんなで協力《きょうりょく》する
⑳ 積極的《せっきょくてき》
㉑ 求《もと》める
㉒ 日本の未来《みらい》
㉓ 工芸品《こうげいひん》
㉔ 日本各地《かくち》
㉕ 材料《ざいりょう》を集める
㉖ 自然《しぜん》を守る
㉗ 仲《なか》が良い
㉘ 労働《ろうどう》者
㉙ 肉を焼《や》く
㉚ 冷《ひ》やす
㉛ 金色《こんじき》
㉜ 照《て》らす
㉝ 好《す》きな動物
㉞ 正反対《せいはんたい》
㉟ 最高《さいこう》の仲間
㊱ 反省《はんせい》する
㊲ 放課後《ほうかご》
㊳ 無理《むり》
㊴ 右側《みぎがわ》
㊵ 改《あらた》める
㊶ 正直《しょうじき》
㊷ 校庭を一周《いっしゅう》する
㊸ 水害《すいがい》
㊹ 三種類《しゅるい》
㊺ 元日《がんじつ》
㊻ 共通点《きょうつうてん》
㊼ 連想《れんそう》する言葉
㊽ 木刀《ぼくとう》を買う
㊾ 流星《りゅうせい》群
㊿ 竹林《ちくりん》

81

82頁

漢字読み　漢字 ⑤ 読み

名前

線が引いてある漢字の読みを書きましょう。

① 人力（じんりき／じんりょく）
② 伝言（でんごん）
③ 願望（がんぼう）
④ 消失（しょうしつ）
⑤ 周辺（しゅうへん）
⑥ 高低（こうてい）
⑦ 勝敗（しょうはい）
⑧ 老木（ろうぼく）
⑨ 海底（かいてい）
⑩ 開票（かいひょう）
⑪ 着陸（ちゃくりく）
⑫ 血管（けっかん）
⑬ 岩石（がんせき）
⑭ 衣服（いふく）
⑮ 右折（うせつ）
⑯ 完成（かんせい）
⑰ 実験（じっけん）
⑱ 分別（ぶんべつ／ふんべつ）
⑲ 残念（ざんねん）
⑳ 希望（きぼう）
㉑ 努力（どりょく）
㉒ 約束（やくそく）
㉓ 野鳥（やちょう）
㉔ 巣（す）
㉕ 産む（う）
㉖ 天候（てんこう）
㉗ 観察（かんさつ）
㉘ 特に（とく）
㉙ 自ら（みずか）
㉚ 一兆（いっちょう）
㉛ 一億（いちおく）
㉜ 望遠鏡（ぼうえんきょう）
㉝ 白鳥（はくちょう／しらとり）
㉞ 散歩（さんぽ）
㉟ 国民（こくみん）
㊱ 覚める（さ）
㊲ 勇気（ゆうき）
㊳ 笑う（わら）

82

83頁

漢字書き

漢字⑤　書き

名前

● 漢字を書きましょう。

① 人《じん》力《りき》車
② 伝《でん》言《ごん》
③ 願《がん》望《ぼう》をかなえる
④ データが消《しょう》失《しつ》する
⑤ 周《しゅう》辺《へん》
⑥ 高《こう》低《てい》差
⑦ 勝《しょう》敗《はい》を決めろ
⑧ 老《ろう》木《ぼく》を切る
⑨ 海《かい》底《てい》にもぐる
⑩ 選挙の開《かい》票《ひょう》日
⑪ 着《ちゃく》陸《りく》
⑫ 手の血《けっ》管《かん》
⑬ 岩《がん》石《せき》
⑭ 夏の衣《い》服《ふく》
⑮ 右《う》折《せつ》
⑯ 橋が完《かん》成《せい》する
⑰ 理科の実《じっ》験《けん》
⑱ ゴミの分《ぶん》別《べつ》
⑲ 残《ざん》念《ねん》
⑳ 夢と希《き》望《ぼう》
㉑ 努《ど》力《りょく》
㉒ 約《やく》束《そく》
㉓ 野《や》鳥《ちょう》をさがす
㉔ 鳥の巣《す》
㉕ たまごを産《う》む
㉖ 天《てん》候《こう》が悪い
㉗ 朝顔の観《かん》察《さつ》
㉘ 特《とく》に
㉙ 自《みずか》ら
㉚ 一兆《ちょう》円
㉛ 一億《おく》円
㉜ 望《ぼう》遠《えん》鏡《きょう》
㉝ 白《はく》鳥《ちょう》のおどり
㉞ 公園を散《さん》歩《ぽ》する
㉟ 国《こく》民《みん》
㊱ 目が覚《さ》める
㊲ 勇《ゆう》気《き》のある人
㊳ 笑《わら》う

83

改訂版 教科書にそって学べる
国語教科書プリント　4年　光村図書版

2024年3月15日　第1刷発行

企画・編著：原田 善造　他10名
イラスト：山口 亜耶　他
装　　丁：寺嵜　徹　デザイン制作事務所
装丁イラスト：山口 亜耶　鹿川 美佳

発行者：岸本 なおこ
発行所：喜楽研（わかる喜び学ぶ楽しさを創造する教育研究所）
〒604-0854 京都市中京区二条通東洞院西入仁王門町26番地1
TEL：075-213-7701　FAX：075-213-7706
印刷：株式会社 米谷

ISBN：978-4-86277-484-2

喜楽研WEBサイト
書籍の最新情報（正誤表含む）は喜楽研WEBサイトをご覧下さい。